edition suhrkamp 2556

W0236500

»Reisen, um heimatlos zu werden«, schrieb Henri Michaux. Der in Klagenfurt lebende Schriftsteller Josef Winkler ist während der Niederschrift seiner Romane über sein Heimatland Kärnten immer wieder nach Italien gereist, über das ebenfalls Bücher entstanden sind, später nach Indien und inzwischen auch nach Mexiko, immer mit Literatur im Reisegepäck, unter anderem von Peter Handke, Yasunari Kawabata, Paul Nizon, Annemarie Schwarzenbach, woraus er in seine poetologischen Reportagen kleine Zitate als Intarsien einsetzt. Zu seiner eigenen Überraschung wird er in immer neuen Variationen von einem Bild aus der Kindheit heimgesucht, in dem er, dreizehnjährig, in seinem Heimatdorf Kamering vor einem am Straßenrand liegenden, bereits mit Packpapier abgedeckten, überfahrenen Kind stand. Immer wieder, ob in Kärnten, in Italien, in Indien oder Mexiko, tauchen in der Geschichtensammlung *Ich reiß mir eine Wimper aus und stech dich damit tot* solche Unfälle auf. Zuletzt in der Geschichte »Knochenstilleben auf dem Asphalt mit Ovomaltine«: Wenige Tage vor der Abreise nach Mexiko zu den Allerheiligen- und Allerseelenritualen, zum »Día de los muertos« wurde in Klagenfurt ein neunjähriger, bei Grün über den Zebrastreifen gehender Junge von einem Lastwagen getötet, an einer kleinen Baustelle, von der für den Bau des neuen Fußballstadions für die Europameisterschaft 2008 immer wieder Arbeiter abgezogen wurden. Erzählung für Erzählung rückt der Autor mit seinen Geschichten und Reiseberichten seiner Heimatlosigkeit, von Todesfall zu Todesfall, näher.

Josef Winkler, geboren 1953 in Kamering (Kärnten), lebt in Klagenfurt. Zuletzt erschien *Roppongi. Requiem für einen Vater* (2007). 2008 wurde Josef Winkler mit dem Georg-Büchner-Preis ausgezeichnet.

Josef Winkler
Ich reiß mir eine Wimper aus
und stech dich damit tot

Suhrkamp

edition suhrkamp 2556
Erste Auflage 2008
© Suhrkamp Verlag Frankfurt am Main 2008
Originalausgabe
Druck: Druckhaus Nomos, Sinzheim
Umschlag gestaltet nach einem Konzept
von Willy Fleckhaus: Rolf Staudt
Printed in Germany
ISBN 978-3-518-12556-4

2 3 4 5 6 – 13 12 11 10 09 08

ICH REISS MIR EINE WIMPER AUS
UND STECH DICH DAMIT TOT

Nur mit den Kernen der Apfelbutzen

Radiergummibrösel zwischen den Lungenflügeln
der Truthühner, vor der Primiz

Die Lufthoheit der Totenkissenschlacht

Zeit der Butterblumen, Zeit der Gladiolen

Himmelfahrtsgeschichte unter dem Antlitz
eines mexikanischen Zuckertotenkopfes

O, Herr Jesu Christ, schlag nur zu!

Sag »Joe«, das löst die Lippen: No milk today!

Der Tod ist ein Schiff, und ich bin sein Wrack

Knochenstilleben auf dem Asphalt mit Ovomaltine

Gänsehaut hinter dem Hochaltar
vor den ausgehöhlten goldenen Schutzengeln

Im Sternhagel der Bilder

ICH BIN DIE LIEBE MUMIE
und aus ägypten kumm i e,
o kindlein treibt es nicht zu arg,
sonst steig ich aus dem sarkopharg,
hol euch ins pyramidenland,
eilf meter unterm wüstensand,
da habe ich mein trautes heim,
es ist mir süß wie honigseim,
dort, unter heißen winden,
wird keiner euch mehr finden.
o lauschet nur, mit trip und trap
husch ich die treppen auf und ab,
und hört ihrs einmal pochen,
so ists mein daumenknochen
an eurer zimmertür –
o kindlein, seht euch für!

H. C. Artmann

NUR MIT DEN KERNEN DER
APFELBUTZEN

>»Bedenk immer wieder, daß dein Geschichts-
erlebnis das des Völkermordes an den Juden ist
(beim Anblick der Kniekehlen an den spargel-
dünnen Beinen eines Kindes in Clermont-Fer-
rand, 7. Aug. 1988, Abend)«
>   *Peter Handke:* ›Gestern unterwegs‹

Als die amerikanischen Befreier in Rom von der Bevölkerung begeistert empfangen wurden, lief ein Mann auf
die Kolonne zu, rief »Viva l'America!«, rutschte aus
und wurde von einem Panzer überrollt. »Einige Juden
kamen und begannen das Profil dieses toten Mannes
aus dem Staub herauszuschälen […] langsam, langsam
[…],wie man die Ecken eines Teppichs anhebt. Es war
ein Teppich aus Menschenhaut, und das Muster war ein
feines Knochengerüst, ein Spinngewebe aus zerquetschten Knochen. […] Als der Teppich aus Menschenhaut
ganz aus dem Straßenstaub gelöst war, gabelte ihn einer
der Juden am Kopfende auf die Spitze einer Schaufel
und zog mit dieser Fahne ab. […] Ich sagte […]: Das ist
die Fahne Europas dort, das ist unsere Fahne […] es
steht geschrieben, daß dies die Fahne unseres Vaterlandes ist, unseres wahren Vaterlandes. Eine Fahne aus
Menschenhaut. Unser wahres Vaterland ist unsere
Haut«, steht im Roman *Die Haut* von Curzio Malapar-
te. Vater, du hast dem jungen Soldaten eine Salve entge-
gengeschickt, seine Brust mit rotem Lack versiegelt und
ihm den Stempel des Vaterlandes aufgedrückt. Mit den

Kernen der Apfelbutzen, hast du gesagt, Vater, immer wieder hast du gesagt: Nur mit den Kernen der Apfelbutzen, mein Sohn, während ich von einem Schiff aus Menschenknochen geträumt habe, das Tee und Kaffee geladen hat und von Papst Johannes XXIII. in Schlepptau genommen worden ist, dort, wo sich der Indische Ozean und der Golf von Bengalen berühren. Du mußt nicht immer den Herrgott bei den Füßen herunterziehen, hat Mutter gesagt. Wer das Brot untereinander schneidet, der schneidet dem Herrgott die Fersen ab, hat Mutter gesagt. Jeden Tag einmal hat Mutter gesagt, daß ich den Herrgott nicht bei den Füßen herunterziehen und ihm auch nicht die Fersen abschneiden soll. Du schneidest dem Herrgott nicht die Fersen ab und ziehst ihn auch nicht herunter! hat Mutter gesagt. Ich habe die mit farbigem Streusel bezuckerten Butterbrote, die Mutter immer in Zeitungspapier eingewickelt hat, aus meinem Schulranzen genommen, das auf dem Brot klebende Papier mit der Druckerschwärze abgezogen, mit einem Spiegel die verkehrt auf dem Brot klebenden Buchstaben entziffert und von einem verunglückten Kind gelesen, dem schnell, noch bevor es sich umdrehen konnte, zwei weiße Tauben durch die leeren Augen geflogen sind. Wer das Brot untereinander schneidet, der schneidet dem Herrgott die Fersen ab, hat Mutter immer gesagt. Ich reiß mir eine Wimper aus und stech dich damit tot, habe ich immer geantwortet. Jeden Tag einmal hat Mutter gesagt, daß ich den Herrgott nicht bei den Füßen herunterziehen und ihm auch nicht die Fersen abschneiden soll. Und jeden Tag einmal habe ich zur Mutter gesagt, daß ich mir eine Wimper ausreißen und ihr meine Wimper ins Herz stechen werde. Du schneidest dem Herrgott nicht die Fersen ab und ziehst ihn auch nicht herunter! hat Mutter gesagt. Ich reiß mir eine Wimper aus und stech dich damit tot! habe ich geantwortet. Am Weihwasserbecken, habe ich Mutter gesagt, ist ein totes Küken festgebunden, Köpfchen nach unten, Füßchen nach oben, und das vom Papst geweihte Dorfbrunnenwasser rinnt aus seinem Schnabel, wenn man ihm den Kragen wie einen Wasserhahn umdreht. Weihwasser, dir leb ich! Weihwasser, dir sterb ich! habe ich gesagt, noch bevor Vater Beeil dich! gerufen hat, du sollst dich beeilen. Ich hab dir doch gesagt, du sollst die Totenschuhe anziehen, hat Vater gerufen. Immer wieder hat Vater gerufen, daß ich die Totenschuhe anziehen und mich beeilen soll. Aber meine Totenschuhe sind doch mutterseelenallein in den Schnee hinausgelaufen, habe ich zurückgerufen, während ich mit nackten Füßen durch den immer heißer werdenden Schnee gelaufen bin, um meine Totenschuhe einzuholen, die sich auf dem Friedhof hinter einem beschneiten Grabkreuz versteckt, die sich selber zerfleddert und schnell mit ihrem Kalbsleder einen Maulkorb mit einem Sprachrohr geflochten haben für mich, für Mutter und Vater. Komm, lauf auf mich zu, komm, habe ich gerufen, du schlägst deinen Schädel an einem Grabstein ein. Und auch das Totenkleid wirst du mit deinem Leben bezahlen. Seine Feldpostbriefe hat Vater an den drei Ecken mit Skeletten versiegelt. Hoppla, bleiben Sie unter den Lebenden, hat Vater gerufen, wenn er mit den Kernen der Apfelbutzen ... Ob Jesus von Nazareth auch einmal mit offenem Mund geschlafen hat, habe ich Mutter gefragt, und was hast du an meinen Flügeln mit der Singer-Nähmaschine geändert, habe ich Mutter gefragt, als wir im

Schneetreiben lange unter den Ästen der Birken den Wolkenbruch abgewartet haben und als Brotlaibe verkleidete Rentiere an uns vorbeigelaufen sind, die nicht nur einen Knicks, sondern auch ein Kreuzzeichen vor uns gemacht haben. Wo sich wohl das verfluchte Weibsbild, das Löschpapier, herumtreibt, das voller Blutkleckse ist, habe ich Mutter gefragt, bevor mich das löchrige Luftpolster aufgefangen hat, denn ich habe viel zu lange hinter dem hartgewordenen Kitt der klirrenden Fensterscheibe ausgeharrt und auf Vater gewartet, der dann doch – ich sah ihn durch die erblindete Scheibe – mit hocherhobener Monstranz auf dem Rücken eines Pferdes gekommen ist am schneeverwehten Heiligen Abend, drei, vier Stunden vor der Geburt unseres Herrn. Die Monstranz hat Vater in die Speisekammer hineingetragen und in die Kühltruhe hineingelegt auf die gefrorenen Rippen meines Osterlammes, das mein Fleisch und mein Blut auf seine Auferstehungsfahne geheftet hat. Bald nachdem ich dem Pferd einen Klaps auf den Oberschenkel gegeben, der Gaul in die Kirche hineingegangen ist und aus dem Weihwasserbecken getrunken hat, ist der Fremdkörper meines Leibes aus den Fugen geraten wie ein Pferdegerippe im auf und ab und wieder auf und wieder ab fahrenden Paternoster, nachdem ich meine Hände gefaltet hatte für drei, vier Schrecksekunden vor dem vergoldeten Tabernakel. Mit dem warmen Pferdeatem im Rücken habe ich das Tapetenpapier mit dem Brombeerstrauchmuster im Inneren des Tabernakels abgekratzt und aufgegessen mit den Worten: Berühr mich mit deinem Staub, und ich zerfalle zu einem Menschen. Führe mich in Versuchung und erlöse mich von dir, dem größten aller Übel. Meerstern, ich dich grüße, o Maria hilf. Gottesmutter süße, o Maria hilf, bis mich Vater wieder gerufen, den Gravensteinerapfel mit den braunen Kernen halbiert und mir zuerst die eine und dann auch noch die andere Hälfte gegeben hat mit den Worten: Nur mit den Kernen der Apfelbutzen! Nur mit den Kernen der Apfelbutzen!

> »Vielleicht fiel ein Stäubchen Asche
> einer verbrannten jiddischen Mame
> aus den Krematorien
> auf polnischer Erde
> jetzt auf seine weiße Pelerine?
> Der Papst hat es nicht gewußt
> oder hat es nicht wissen wollen.«
> *Rajzel Zychlinski: ›Der Papst in Polen‹*

RADIERGUMMIBRÖSEL ZWISCHEN DEN LUNGENFLÜGELN DER TRUTHÜHNER, VOR DER PRIMIZ

»Wirklich, ich lebe nur, wenn ich schreibe.«
Annemarie Schwarzenbach

»Es gibt Fahrten, die sehen ganz so aus, als sollten sie ein Bild des Lebens abgeben, als stellten sie ein Sinnbild des Daseins dar.«
Joseph Conrad: ›Jugend‹

»Genug Licht zum Schreiben, Feuer, eine Schaffelldekke, Raki – nicht mehr braucht man und nicht weniger, wir haben es genau erfahren. Draußen liegt Schnee, im Hof des Seldschuk-Palas laufen die Truthühner mit gesträubten Kragen umher. Über den Dächern sieht man die blaßrosa Kuppel einer Moschee im grauen Schneeflocken-Himmel; es ist ein bezaubernd trauriger Anblick«, schreibt Annemarie Schwarzenbach in ihrem Reisetagebuch *Winter in Vorderasien*. Ich habe genug Licht zum Lesen, der Lichtkegel über meinem Kopf fällt scharf auf das Reisetagebuch von Annemarie Schwarzenbach im Flugzeug von Wien nach Delhi, in das auch, ich starrte sie lange und staunend an, eine gehbehinderte schwarzhaarige indische Liliputanerfrau mit Krücken eingestiegen war. Meine Füllfeder und mein Notizbuch, in das ich bereits vor der Abreise nach Indien einen Bericht über den Selbstmord zweier indischer Mädchen in Delhi eingeklebt hatte, und die neuesten Ausgaben zweier indischer Tageszeitungen lagen griffbereit. Neben mir saß die fünfjährige Siri, die ihre Beine mit den orangefarbenen Schuhen, die sie am Morgen vor der Abreise aus einem Apothekersäckchen genommen und angezogen hatte, zwischen den engen Reihen der Flugzeugsitze pendeln ließ. Beim Frühstück hatte sie in ihren Schokoladepudding, in dem ein paar Himbeeren versteckt waren, mit der Gabel ein Kreuz eingezeichnet, auf die trockene, gespannte Oberfläche des schwammigen Puddings, und gesagt: »Das Kreuz ist für den Opa, der ist gestorben!« Mein letzter Blick, als der zwölfjährige Kasimir, Siri und Christina schon über die Stiege gegangen waren mit ihrem Reisegepäck, war auf das offene Gefrierfach des ausgeschalteten Kühlschanks gefallen, in dem nichts als ein fünf Zentimeter langer rotblauer Pelikan-Radiergummi lag. Es ist Kasimirs dritte, Siris zweite Reise nach Indien. Nach der Mexikoreise zu den vergangenen Allerheiligen, zum »Día de los muertos«, waren wir erneut mit dem Filmteam unterwegs, diesmal ins indische Varanasi, in die heilige Stadt der Hindus.

Mit dem vollgefüllten, nun schon bald ein halbes Jahrhundert alten großen Aluminiumkoffer über die Stiege hinunter aufs wartende Taxi zugehend, das uns zum Flughafen bringen sollte, ging mir der rotblaue Radiergummi im Kühlfach des offenen Eisschrankes nicht aus dem Kopf, immer wieder, dachte ich, wird mir der Radiergummi im Eisfach in den Sinn kommen, ob im Flugzeug oder in Varanasi am Ufer des Ganges. Der rote, weiche, einen Zentimeter längere und leicht abbröselnde Teil und der blaue, harte, schwer abbröselnde Teil des Radiergummis, die Tintenkillerseite, mit der

wir die Tintenschrift versuchten wegzuradieren und
verschmierten, bis schließlich vom Radieren ein kleines
Loch entstand, so daß wir das Blatt herausreißen und
mit der Hausaufgabe von vorne beginnen mußten. »Ich
habe gesehen, wie sie nacheinander sieben Bogen in die
Schreibmaschine spannte, bevor ein bestimmter Satz
die Vollkommenheit erlangt hatte, die allein sie befrie-
digen konnte«, schreibt Ella Maillart in ihrem Buch *Der
bittere Weg*, die im Jahre 1939 gemeinsam mit der opium-
süchtigen Annemarie Schwarzenbach in einem Ford de
luxe, den Annemarie von ihrem Vater, einem Schweizer
Seidenindustriellen, bekommen hatte, von Sils im Engadin über Italien und Jugoslawien, Türkei und Aserbai-
dschan unterwegs war nach Afghanistan. »Ich freue
mich auf überhaupt nichts, und es war doch meine Arbeit, das Innere der Länder kennenzulernen und sie auf-
richtig zu lieben, um sie für andere Menschen beschrei-
ben zu können«, schrieb Annemarie Schwarzenbach,
als sie sich ein halbes Jahr vor ihrem Tod auf ihrer letzten großen Reise befand, nach Afrika, in den Belgisch-
Kongo. Gestorben ist Annemarie Schwarzenbach, die
zehn Jahre lang, meistens alleine, durch den Nahen und
Fernen Osten, durch das Baltikum, Skandinavien, die
Sowjetunion, USA und Afrika gereist war – »Reisen ist
aufbrechen ohne Ziel« –, im Alter von 34 Jahren in der
Schweiz, als der weitgereiste Engel – Thomas Mann
nannte sie einen »verödeten Engel« – sich auf ein klapp-
riges Velo setzte, freihändig zu fahren versuchte, dabei
stürzte und sich nicht mehr erheben konnte. Ihr Kopf
sei, heißt es, auf einen scharfkantigen Stein getroffen,
die Wunde habe heftig geblutet, Annemarie habe drei
Tage im Koma gelegen. In einer Waadtländer Klinik

wurde sie aufgrund einer Fehldiagnose als Schizophre-
niepatientin mit schrecklichen Behandlungsmethoden
wochenlang gequält. Zehn Wochen nach ihrem Unfall
starb sie in einem Augenblick, als die Kirchenglocken
von Sils im Engadin läuteten und die Gläubigen zum
Gottesdienst riefen.

»Wie lange konnten wir es miteinander aushalten?«
schreibt Ella Maillart in ihrem Buch *Der bittere Weg –
Mit Annemarie Schwarzenbach unterwegs nach Afghanistan*. Annemarie Schwarzenbachs »zarte Hand
hielt eine Zigarette, die Haut spannte sich dünn wie Seidenpapier über den gelben Knöcheln. Sie saß auf der
Bank – die Brust eingefallen, ihr knabenhafter Körper
lehnte sich an den großen Ofen in der Zimmerecke, die
Knie hielt sie umklammert … Um den bleichen, unre-
gelmäßig geschnittenen Mund lag Melancholie – die
Lippen inhalierten mit stummer Gier Rauch. (Ihre Zähne nahmen stets eine dunklere Färbung an, wenn ihre
Vitalität nachließ, hatte sie mir erzählt.)«
Jetzt, beim Weiterschreiben und Fortsetzen dieser Geschichte, wieder an meinem großen schwarzen Schreibtisch mit den schwarzen Rolläden sitzend, in meinem
indischen Notizbuch blätternd und die eingetragenen,
orange gekennzeichneten Sätze von Annemarie Schwarzenbach aus dem Reisebericht *Alle Wege sind offen –
Die Reise nach Afghanistan* lesend, wurde beim Auf-
blättern meines indischen Tagebuches das eingeklebte
Blattgold aufgewirbelt, so daß auf die schwarze Tasta-
tur meines Laptops, auf vier Buchstaben Blattgoldbrö-
sel fielen, die ich beim Weitertippen verschmierte und
die zwischen den engen Lücken der schwarzen Com-

putertasten verschwanden, Blattgold, das wir damals, Kasimir und ich, nur wenige Tage nach unserer Ankunft in Indien, nachdem wir in Varanasi mit Filmkamera und Notizbuch das Gangesufer entlanggegangen waren, in dem zehn Kilometer weit von Varanasi entfernten buddhistischen Wallfahrtsort Sarnath, wo Buddha seine erste Predigt gehalten haben soll, von den Klostermauerresten und vom Gemäuer der Dharmekh-Stupa, in der Reliquien von Buddha aufbewahrt werden, nicht zum erstenmal mit der Bleistiftspitze herunterhoben und in mein indisches Notizbuch klebten, diesmal zu den Sätzen von Annemarie Schwarzenbach: »Wir verließen Kayseri des Nachts, wie wir gekommen waren. Der Knabe Raschid weckte uns um halb vier Uhr. Er kam in das Zimmer, legte Holz in den Ofen und sagte: ›Madame, ich fahre mit Ihnen nach Ankara.‹«

Madame Schwarzenbach, alle Wege sind offen, ich fahre mit Ihnen nach Afghanistan, wir haben genug Licht zum Schreiben, Feuer, eine Decke – wie lange werden wir es miteinander aushalten? –, draußen liegt Schnee, im Hof des Seldschuk-Palas plustern die schwarzglänzenden Truthähne ihre Federn am warmen Körper, spreizen die weghängenden Schwanzfedern zu Fächern und blasen bedrohlich ihren Halssack auf. Gemeinsam werden wir die schwarzen breitstirnigen, den Stachelpflug ziehenden Ochsen sehen, die, langsam vorwärts schreitend auf dem gelben Stoppelfeld, die Erdschollen in waagrecht nebeneinander aufgefädelte schwarze Nabelschnüre verwandeln. Die weißen persischen, ein fächerförmiges Rad schlagenden und sich langsam um die eigene Achse drehenden Pfauen mit der weißen Feder-

krone auf dem Scheitel unter dem breiten Fächergeäst
der Pinienbäume, die schwarzrußige Pinienkörner auf-
picken, werden wir sehen, mit Schafsknöcheln spielenden Kindern in buntgesäumten Schnabelschuhen werden wir begegnen, den Apfelschimmel mit den rosaroten Nüstern werden wir zur Tränke führen, Annemarie
links, ich rechts vom Pferdekopf, die verfaulte ausge-
schnaubte Pferdeluft einatmend, und der kleine blasse
Knabe, der Sohn eines Blinden, von dem in *Winter in
Vorderasien* die Rede ist, wird aufs Reservoir des WC
steigen und einen Krug Wasser für unseren Tee heraus-
schöpfen. Wir werden den Kurdenfrauen in den Mohn-
feldern begegnen, die mit scharfen Messern die grünen
Mohnkapseln anschneiden und den zu zäher Masse er-
starrten Saft in kleinen Kannen sammeln. »Aber man
möchte ein Gesicht sehen – lebhafte Augen, einen schönen Mund, ein Lächeln, und begegnet immer nur dem
vorüberhuschenden Gitterchen und weiß: Die ängstli-
chen, hilflosen Geschöpfe können durch dieses Gitterchen kaum genug sehen, um den schwankenden Kame-
len, den klingelnden Gadi-Pferdchen, den fröhlich und
kräftig einherschreitenden Männern auszuweichen –
sie leben in ständiger Furcht.« Mit den Haremsfrau-
en, »züchtigen Zuschauerinnen«, werden Annemarie
Schwarzenbach und ich im Boot sitzen und warten, bis
der große Chosrau, aufrecht im Boot stehend, die tödlichen Pfeile ans Ufer schicken wird und die durchs Schilf
hetzenden Eber zusammenbrechen werden. »Ich zog
aus, nicht um das Fürchten zu lernen, sondern um den
Gehalt der Namen zu prüfen und ihre Magie am eigenen Leib zu spüren ...« Die schwarzglänzende und
trut-trut schreiende Truthahnherde werden wir wieder

zusammentreiben und durch den silbrigen Olivenhain hinunterjagen, und wir werden weiterfahren mit dem Ford de luxe in die Distelwüsten, zu den Steppenvölkern, zu den Kamelherden und schwarzen Filzzelten, und in Gesellschaft blauer Pfauen, die auf der Suche nach ihrer Leibspeise, jungen Kobras, ihre gefächerten Schwanzfedern laut rascheln lassen, werden wir haltmachen und unseren Ford de luxe an einem heißen Junitag abstottern lassen, dort, wo es »große Mohnfelder gibt, die im Juni wie Baumwolle blühen, weiße weithin wiegende Schleier«.

»Es gab Tee und russischen Wodka, eine Petroleumlampe, ein Tintenfaß. Draußen herrschte ein richtiger Frühlingssturm, die weißen Weiden wurden geschüttelt, der Schnee fiel von ihren zarten Zweigen. Ich schrieb, bis zum Abendessen. Am Ofen saß die russische Bäuerin, die Hände im Schoß ...« Als Siri im Flugzeug von Wien nach Delhi bei einem Bericht auf dem kleinen Bildschirm an der Rückseite des Vordersitzes Bilder von den Ghats am Ufer des Ganges in Varanasi sah, sagte sie: »Jetzt weiß ich wieder, wie Indien ausschaut!« Den Reisebericht *Winter in Vorderasien* ins Netz an der Rückseite des Vordersitzes klemmend und die »Hindustan Times« mit eng an meinen Brustkorb gedrückten Ellbogen aufblätternd, lese ich, daß in Goa die fünfzehnjährige Scarlett Keeling ermordet worden ist. Der Leichnam des Mädchens wurde am frühen Morgen des 18. Feber 2008 am Strand von Anjuna im Norden Goas entdeckt. Die aus dem Südwesten Englands stammende Familie war im November 2007 zu einer sechs Monate langen Reise durch Indien aufgebrochen. Zum Zeitpunkt des Mordes war die Mutter mit ihrem Freund und den fünf jüngeren Geschwistern von Scarlett im an Goa angrenzenden indischen Bundesstaat Karnataka unterwegs, Scarlett ließ sie bei ihrem indischen Freund und bei dessen Familie in Anjuna zurück. Die Polizei erklärte, das Mädchen sei ertrunken, und legte den Fall zu den Akten. Auch der Chief Minister von Goa wollte vorerst keine näheren Untersuchungen, tadelte die Mutter und sagte, daß sie auf ihr Kind hätte besser aufpassen müssen. Die zuständigen Behörden waren an einer Aufklärung des Falles nicht interessiert, weil sie Angst vor der Drogenmafia haben und viele Beamte in kriminelle Machenschaften involviert sind, besonders präsent soll in Goa die russische Mafia sein. Die Mutter von Scarlett war überzeugt, daß ihre Tochter vergewaltigt und ermordet worden ist, der Leichnam des Mädchens lag halb nackt am Meeresufer und war mit fünfzig Quetschwunden übersät. Das tote Mädchen hatte Sand im Mund und in der Luftröhre. Ein paar Tage nach dem Mord hatte die Mutter Leibchen, Unterhose und die zerrissenen Ledersandalen ihrer Tochter gefunden. Bei einer zweiten, von der Mutter erzwungenen Autopsie stellte sich heraus, daß das Mädchen nicht ertrunken war, es war nicht genug Wasser in der Lunge, man fand aber Kokain, Morphine und LSD in ihrem Körper. Ein britischer Tourist bezeugte, daß Scarlett um drei Uhr morgens nach einer Party mit Drogen vollgepumpt in die »Louis Snack Bar« in Anjuna gekommen war. Sie hatte kein Geld mehr, um mit einem Taxi zu ihrer Unterkunft zu fahren. Als die Bar um halb fünf Uhr früh geschlossen wurde, soll ihr der Barkeeper, ein Drogendealer, angeboten haben, sie auf seinem Moped nach

Hause zu fahren. Der britische Zeuge beobachtete kurz darauf, wie der Mann vor der Bar im Rasen auf Scarlett lag. Er sagte aus, die beiden angesprochen, aber nicht eingegriffen zu haben, weil das Mädchen nicht um Hilfe gebeten habe. Zwei Stunden später wurde der Leichnam des Mädchens am Meeresufer gefunden. Laut britischen Zeitungsberichten wurde der Zeuge später bedroht und mußte aus Goa flüchten, von den britischen Konsularbeamten soll er keine Unterstützung bekommen haben. Schließlich wurden der Barkeeper und ein weiterer Mann wegen des Verdachts auf Vergewaltigung festgenommen. Nachdem ich die »Hindustan Times« wieder zusammengefaltet und ins Korbnetz an der Rückseite des Vordersitzes gesteckt hatte, ging ich die Sitzreihen im Flugzeug entlang und suchte die schwarzhaarige indische Liliputanerin, die ich wiedersehen wollte, kam beim zeitungslesenden Filmregisseur Michael Pfeifenberger vorbei, der in der »Times of India« ebenfalls die Geschichte aus Goa las, und flüsterte ihm einen Satz von Friedrich Hebbel ins Ohr: »Man ermordete ihn und mißhandelte dann noch den Toten dafür, daß er die Eigenschaft hatte, ermordet werden zu können.« (Tage später las ich in Varanasi in »The Times«, daß der Leichnam der fünfzehnjährigen Scarlett Keeling nach England überführt wurde und man bei einer neuerlichen Autopsie feststellte, daß man ihr in Indien die Nieren, den Uterus und den Magen herausgenommen hatte.)

Als wir schließlich nach Mitternacht in Delhi aus dem Flugzeug stiegen, blieb ich wieder vor der schwarzhaarigen, gehbehinderten indischen Liliputanerfrau stehen, die man inzwischen beim Ausgang in den Rollstuhl gesetzt und die ihre beiden kurzen Krücken waagrecht über ihren Schoß gelegt hatte. Da ein Weiterflug nach Varanasi erst am darauffolgenden Nachmittag möglich war, übernachteten wir in Delhi. Kurioserweise hatte man uns in der Nähe des Flughafens in ein Militärgästehaus einquartiert. Beim Frühstück auf der Terrasse der »Residency Accommodation« – auf dem Tisch lagen neben meiner Füllfeder und meinem Notizbuch die Reisebeschreibungen nach Afghanistan *Alle Wege sind offen* von Annemarie Schwarzenbach – fragte der Filmregisseur Michael Pfeifenberger einen jungen Diener, ob er ihm Zündhölzer bringen könne. Mit Daumen und Zeigefinger fischte der Hoteldiener eine Zigarette aus der Schachtel, nahm sie in den Mund, zündete sie mit dem Feuerzeug an und gab Pfeifenberger die glosende Zigarette zurück. Der zwölfjährige Kasimir, der diese Szene beobachtet hatte, sagte grinsend: »Ohne meinen Teddybär geh ich nicht zum Militär, sterben muß ich sowieso, schneller geht's mit Marlboro.« Der Dienerjunge fragte Pfeifenberger, ob er für sich ein paar Zigaretten aus der Schachtel nehmen dürfe, und steckte sie verstohlen, links und rechts schauend, vorsichtig, damit sie nicht zerknickten, in seine Hose hinein. An der Zigarette ziehend, fragte Pfeifenberger die fünfjährige Siri, die mit einem Büschel Blumen, die sie im Garten der Residency Accommodation gesammelt hatte, über die Stiege auf die Terrasse zum Frühstückstisch kam: »Gehst du gerne in den Kindergarten?« Mit dem Blumenbüschel hinter einer Fliege herjagend, die sich immer wieder auf die Mangomarmelade setzte, gab ihm Siri genervt zur Antwort: »Ja! Aber jetzt sind wir in Indien!«

In der Militärhotelrezeption schaute ich immer wieder auf ein blauviolettes Kores-Pauspapier, das von einer Frau für die Abrechnungen verwendet wurde und das mit seinem schmierigen und fettigen Blau lange an den Fingern klebt, und dachte dabei wieder an den rotblauen Pelikan-Radiergummi, der vor unserer Abreise nach Indien im leeren, geöffneten Eisfach des Kühlschrankes zurückgeblieben war. Wiederum ein paar Tage später, nachdem wir in Varanasi am Harishchandra Ghat, am Ufer des Ganges, bei den Einäscherungen gefilmt hatten und später mit einer Fahrradriksha vom Assi Ghat in die Stadtmitte, durchs Moslemviertel, zu den Blattgold- und Blattsilberklopfern gefahren waren, sagte die auf der Fahrradriksha sitzende Siri: »Ich habe lauter Monster gesehen. Sie waren von oben bis unten schwarz angezogen, nur zwei Augen haben herausgeschaut, und die haben mich alle angestarrt!« »Aber wir schienen in einem Land ohne Frauen zu sein!« schreibt Annemarie Schwarzenbach in ihrem Reisebericht nach Afghanistan *Alle Wege sind offen.* »Wir kannten wohl den Tschador, das alles verhüllende Faltengewand der Mohammedanerinnen, das mit der romantischen Vorstellung vom zarten Schleier orientalischer Prinzessinnen wenig gemein hat. Es umschließt eng den Kopf und ist vor dem Gesicht wie ein Gitterchen durchbrochen und fällt dann in weiten Falten bis zur Erde, kaum die gestickte Spitze und den schiefgetretenen Absatz der Pantoffeln frei lassend. Wir hatten solche vermummten, formlosen Gestalten scheu durch die Basargassen huschen sehen und wußten, daß sie die Frauen der stolzen, frei einherschreitenden Afghanen waren, die ihrerseits die Gesellschaft und das fröhliche Gespräch liebten und den halben Tag nichtstuend im Teehaus und Basar verbrachten. Aber diese gespenstischen Erscheinungen hatten wenig Menschliches an sich. Waren es Mädchen, Mütter, Greisinnen, waren sie jung oder alt, froh oder traurig, schön oder häßlich? Wie lebten sie, mit was beschäftigten sie sich, wem galt ihre Anteilnahme, ihre Liebe oder ihr Haß?«

Am selben Abend, nach den Dreharbeiten – immer noch den rhythmischen Klang der Blattsilberklopfer im Ohr – fuhren wir und das gesamte Filmteam mit zwei Taxis ins Hotel Buddha zum Abendessen. Die Fahrt durch den Abendverkehr von Varanasi dauerte nahezu eine Stunde. Als wir bereits im vegetarischen Restaurant, in dem in der Regel kein Alkohol ausgeschenkt wird, bei Tisch saßen, ein Hoteldiener aber heimlich in einer Ecke, vor dem Eßtisch hockend, zehn mit Zeitungspapier umwickelte kalte Bierflaschen, die er von der Straße geholt hatte, auspackte und den Gästen unter dem Tisch vor die Füße schob, während die fünfjährige Siri mit den grünen knisternden Papierservietten ein augenlidartiges Gebilde konstruierte und sagte: »Das, was ich gebastelt habe, ist ein ›Augenblick‹«, berichtete man mir, daß auf der Fahrt vom Assi Ghat zum Hotel Buddha ein Motorradfahrer mit einem Kind hinter sich das zweite, uns vorausfahrende Taxi hinten gestreift habe, daß der Motorradfahrer auf den Asphalt gestürzt und auf das Kind gefallen sein soll, beide liegengeblieben seien und der Taxifahrer, der den Unfall bemerkt haben mußte, offensichtlich Fahrerflucht begangen habe, woraufhin es mir, während ich am Restauranttisch saß und mir diese Geschichte anhörte, am ganzen

Körper heiß wurde, ich immer wieder aufstand und im Restaurant auf und ab ging. Ich konnte und wollte mir nicht vorstellen, daß dieses Unglück geschehen sein sollte, und da es niemand anderer war als ich, der auf die Idee gekommen war, abends mit dem Taxi zum Restaurant Buddha zu fahren, hätte ich am liebsten dieses Ereignis mit dem Radiergummi in meinem Kopf ausradiert, der zurückgeblieben war im Eisfach des Kühlschranks vor unserer Abreise nach Indien. Ich ging im Hotel Buddha mehrmals auf die Toilette, wusch mir jedesmal die Hände, wagte es nicht, in den Spiegel zu schauen, erkundigte mich am Restauranttisch wieder nach dem Hergang des Unfalls, in der Hoffnung, eine andere Version zu hören, in der Hoffnung, daß diese Geschichte erfunden sei – »Sie sind doch nicht liegengeblieben, sie sind doch wieder aufgestanden!« –, stocherte im Essen herum, ging vors Hotel in den eingegitterten, finsteren Park, schüttelte mehrmals meinen Kopf in der Vorstellung, daß er in diesem Augenblick wegfliegen könnte von meinem Hals über die Palmen des Gartens hinaus, vergrub mein heißes Gesicht in den Händen und stellte mir vor, mit dem rotblauen Pelikan-Radiergummi in der Hand – »Das, was ich gebastelt habe, ist ein ›Augenblick‹« – ins eigene Gehirn greifen und diese Unglücksgeschichte ausradieren zu können, aus der linken oder aus der rechten Gehirnhälfte. »Therapia«, schreibt Annemarie Schwarzenbach, »liegt so weit zurück wie die Kindheitsinsel. Alles schon einmal gesagt, alles überstanden, ich möchte jetzt mein Gesicht vergraben und schweigen. Wenn ich trotzdem diesen Namen beschwöre und liebe, so ist es vielleicht, weil nichts ihn beschwert – er stand ja am Anfang – und

nichts ihm anhaftet als der von ganz leisen Abendwin-
den getragene, schon wieder verwehte Duft von Himbeeren ...«

DIE LUFTHOHEIT
DER TOTENKISSENSCHLACHT

»In jeder in mich gesetzten Erwartung steht mir diese Bedrohung entgegen, das schaffst du nicht, nie, und immer bin ich dabei an einem Ort meiner Kindheit, ich stehe allein und nur mit diesem Gefühl der Beklemmung, es ist, als müsse ich auf jemanden warten, der nachkommt, und es kommt jemand nach, gewiß sind es die Eltern, ich bin ihnen vorangegangen, immer schon bin ich ihnen vorausgelaufen, seit jeher, so war ich auf Zeit mit mir allein und für die eigene Beobachtung frei. Doch ich wußte, sie holen mich ein, indem ich gezwungen war, an diesem Ort stehenzubleiben und auf sie zu warten wie auf ein Urteil, das über mich kommen sollte und kam.« Bei dieser Passage im Roman *Ludwigs Zimmer* von Alois Hotschnig und besonders bei den Worten »das schaffst du nicht, nie« erinnerte ich mich daran, daß ich, vierzehnjährig, nach Abschluß der achtjährigen Dorfvolksschule in Kamering, einem Zweihundertseelendorf, das ich die ersten vierzehn Jahre meines Lebens kaum einmal verlassen hatte, nach Villach in die Handelsschule kam, wo ich an einem der ersten Schultage in der Nähe des Bahnhofs eine Bäckerei betrat, mich anstellte in die Reihe der Käufer, als Einübung immer wieder leise vor mich hinmurmelte: Ich hätte bitte gerne ein Mohnkipferl, um schließlich in schönem Deutsch und ohne zu stottern auch tatsächlich sagen zu können: Ich hätte bitte gerne ein Mohnkipferl, aber als der Augenblick kam und die Verkäuferin mir auffordernd ins Gesicht schaute, blieb ich stumm, die Worte waren mir entfallen, ich starrte die Frau kurz an, drehte mich um und verließ mit hochrotem Kopf die Bäckerei. Monatelang konnte ich den Laden nicht mehr betreten, da ich Angst hatte, daß mich die Verkäuferin wiedererkennen würde in dieser Backstube in Villach, in der Nähe von Landskron.

»Mit Landskron habe ich mir meinen Ort ausgesucht«, heißt es im Roman *Ludwigs Zimmer*, »von hier gehe ich nicht mehr zurück. Ein Raum in dem Haus hat seit jeher gewartet auf mich, ich bin hinein in das Haus und die Treppe hinauf in den Gang, der jetzt zum erstenmal wieder so lang und so hoch war wie seit der Kindheit nicht mehr, durch den Gang an den übrigen Kammern vorbei zu dem Raum, der es mir seit der ersten Begegnung mit diesem Haus wie kein anderer angetan hatte. Die Tür war verschlossen.« Die zweite Hälfte des vergangenen Jahrhunderts in meinem Heimatdorf Kamering, unweit von Villach und Landskron, wo über dem Ossiacher See Ludwigs Zimmer aufgebahrt ist auf einem Schwebebalken, das »im Elterngebiet, im Verwandtengebiet liegt«, in einer Ortschaft im Kärntner Drautal, in dem der Erbe dieses Häuschens und Erzähler dieser Geschichte, Alois Hotschnig, auf der Suche nach der verlorenen Kindheit kein Blatt, kein Brett, keinen Dachziegel im Verborgenen läßt im geerbten Haus, um sich kein Wort, kein gesprochenes, kein unausgesprochenes von damals entgehen zu lassen im Eltern- und Verwandtengebiet und sich hineinwühlt in die grauen, weichen, kokonartigen, rauhen Wespennester, ins Stimmengewirr der Verwandten, die sich, um seine

Worte zu gebrauchen, »auf die Haltbarmachung von Ängsten verstehen«, denn drei Wespenstiche, heißt es, können ein Pferd töten, drei Sätze einen Menschen, wenn es unbedingt sein muß, genügt auch ein Satz, wenn sich, so Alois Hotschnig, »die Verwandtschaftsschnur um den Hals zusammenzieht«, eine kunstvoll verknotete Schlinge, an der zuerst ein kleiner Engelskopf mit Flügeln, später, nachdem der Docht der mit vergoldetem Kelch und Hostie verzierten Erstkommunionskerze angeschwärzt und die Firmung mit dem dezent parfümierten Zeige- und Mittelfinger des Bischofs von Gurk vollzogen worden ist, ein goldenes Kruzifix angehängt wird an die Verwandtschaftsschnur, ein Kruzifix, das sich einnistet ins kleine Grübchen zwischen Hals und Schlüsselbein und dem Kehlkopf oder überhaupt einwächst in die Brust wie bei der gottesgläubigen und gottesfürchtigen König Stine von Kamering, so erzählten es die entsetzten, jungen Bestatter, die ihren Leichnam mit dem ins Brustfleisch eingewachsenen Kruzifix einfach, um ihre Worte zu gebrauchen, in den Trog hineinwarfen und den schwarzen Sargdeckel, auf dem wiederum ein Kruzifix draufgenagelt war, schnell zuschraubten, ein goldenes Kruzifix also, das »Sterbeübungen« turnt auf Menschenhaut in Ludwigs Zimmer oder in den Nebenräumen, in Landskron, hoch über dem Ossiacher See – »… denn die ganze Verwandtschaft mit Kindern, einmal im Jahr, zweimal, für die Eltern ein Muß, eine Ehre, und eine Last für die Kinder, nach Landskron hat man sauber zu fahren, ordentlich und gepflegt, aufgeputzt für die Fotos vom Onkel« –, diese zweite Hälfte des vergangenen Jahrhunderts also begann in meinem Heimatdorf Kamering, und daran erinnerte ich mich beim Lesen des Romans *Ludwigs Zimmer*, als die Wasserleichen im Ossiacher See auftauchten, mit dem Selbstmord, dem Wassertod eines fünfzehnjährigen Mädchens – »Ein Selbstmord ist nur einen Steinwurf vom nächsten entfernt«, heißt es in *Ludwigs Zimmer* und »… Ende Jänner geht der See zu, sagte sie jetzt, sie haben wieder einen gefunden, jedes Jahr treibt es hier einen an, mindestens einen, und immer bei uns, immer auf unserer Seite des Sees. Die Schattseite, heißt es immer, aber das stimmt nicht, es liegt an der Strömung« –, auf der Schattseite des Ossiacher Sees also, wo Jahr für Jahr die Leichen der Selbstmörder von der Strömung angeschwemmt werden – ich versuche die Lufthoheit der Totenkissenschlacht über Kamering und Landskron zu gewinnen –, wo Jahr für Jahr zwischen den graugrünen, schlammigen Wasserpflanzen, dem Treibholz, verendeten Vögeln und Enten die Toten an der Wasseroberfläche treiben, bis sie herausgefischt werden mit Stangen mit Haken, auf denen abgehäutete Hasen mit übergroßen, neugierigen Augen festgebunden waren, von Männern, die »auflebten« beim grausigen Fund – »Mögen Sie Friedhöfe? Man sagt mir, ich stehe beim Tod in der Kreide! Mögen Sie Hasenfleisch? Sie sind doch ein Friedhofmensch!« –, bis also die an der Oberfläche treibenden Wasserleichen herausgefischt und aufgegabelt werden, während »Enten verschreckt aus dem Schilf stoben und über den See hinausflatterten« und ich, hier am Schreibtisch sitzend, wieder zum Ausgangspunkt dieser Schrift zurückkehre und in einem weiteren Anlauf versuche, die Lufthoheit der Totenkissenschlacht zu gewinnen, vom Anfang der zweiten Hälfte des vergangenen Jahr-

hunderts zu erzählen, vom Wassertod eines fünfzehnjährigen Mädchens, der Erlacher Line, einer Keusch-
lerstochter, die, während sie auf dem herrschaftlichsten
Bauernhof von Kamering aushalf, um einen Bissen Brot
mit Honig zu verdienen, von den Bauernbuben wieder,
wie so oft, gehänselt, verhöhnt und verspottet wurde
und der das Mißgeschick passierte, daß ihr, als sie sich
bei den gemeinsamen Arbeiten im Heustadel einmal
nach einer Heugarbe bückte, der Kittel hochrutschte,
die Buben die blutige Unterhose sahen und wieder
spotteten und höhnten, woraufhin das fünfzehnjährige
Mädchen mit bloßen Füßen über den senkrechten Bal-
ken des kreuzförmig wiederaufgebauten Dorfes, das,
wiederum ein halbes Jahrhundert zuvor, von zündeln-
den Kindern genau in diesem Heustadel zur Gänze ein-
geäschert worden war, hinunterlief, während das Men-
struationsblut über ihre Oberschenkel rann, in der
Dorfmitte vor dem großen Kruzifix niederkniete, die
Oberschenkel entlangstrich mit ihren Innenhandflä-
chen, ihr Gesicht mit Blut beschmierte, das Schutz-
engelmein, laß mich dir empfohlen sein, steh in jeder
Not mir bei, führe mich an deiner Hand ins himmlische
Vaterland, betete und weiter über den steilen Hügel des
Weiherbichls lief, über die gelben Stoppelfelder, an den
rostigen Stacheldrähten vorbei, an denen graue und
braune Haarbüschel hingen von weidenden Rindern,
die mit Blumenkränzen geschmückt von der Alm gekommen waren, durch den Auenwald, sich noch an
Brombeerstauden Beine und Hände wund riß und sich
am Kameringer Ufer in die Drau stürzte, einen Steinwurf oder einen Selbstmord von Landskron entfernt.
»An der Stelle, an der der Körper untergetaucht war,

war das Eis rot, sah ich jetzt, und als ich den Ort endlich
erreichte, war das Loch zugefroren, das Wasser darun-
ter war rot, Menschen trieben reglos vorüber oder be-
wegten sich auf mich zu und winkten mich zu sich hinunter.«

Das Linele ist im Rechen hängengeblieben!, sagten sie
damals, als sie mit Stangen, an denen Hasenfelle festgebunden waren, die fünfzehnjährige Erlacher Line an
der Furt aus der Drau bargen, die schließlich einmal, als
ich erschrocken hochfuhr aus einem Traum, in einem
steinernen Weihwasserbecken aufgebahrt lag, an einem
Wintertag, frühmorgens, als ich meinen roten Mini-
strantenmantel um meine Schultern warf und zur Rora-
te gehen wollte, aber im schulterhohen Tiefschnee nicht
vorwärts kam, schließlich steckenblieb, und die rotglü-
hende Kohle erstickte im Weihrauchfaß, der Schnee
roch nach Weihrauch. Unter dem zugefrorenen Weihwasser im Steinbecken, nahe beim Altar, lag ein winzi-
ger Sarg, daneben stand die große Auferstehungskerze,
bespickt mit Nägeln, deren Spitzen der Pfarrer zuerst in
die Flamme der Kerze gehalten und schließlich ins
Wachs der Auferstehungskerze gebohrt hatte. Die Füßchen des Sarges, vorne und hinten, waren mit Hasen-
pfotenfellen umwickelt. Führe mich an deiner Hand auf
blutigen Hasenpfoten ins himmlische Vaterland, denn
ich eile zur Wunde und fliege hinein, du wirst mir ein
Tröster, ein Schirmer mir sein – im Kampf um die Lufthoheit der Totenkissenschlacht zwischen Kamering
und Landskron.

ZEIT DER BUTTERBLUMEN,
ZEIT DER GLADIOLEN

An einem späten Vormittag, wie jeden Tag, öffnete ich
den Postkasten und berührte einen schwarzumrandeten Brief, der, als ich ihn zur Hand nahm, nicht zugeklebt, in dem kein Geheimnis verborgen war, denn ich
kann mich nicht erinnern, jemals in meinem Leben einen schwarzumrandeten Brief aus dem Postkasten genommen zu haben, der auch tatsächlich zugeklebt war,
kein Mensch fuhr, zumindest bei schwarzumrandeten
Briefen, die ich erhalten habe, mit seiner feuchten Zunge die beiden gummierten Streifen der dreieckigen
Briefkuvertlasche entlang, immer steckte die Lasche
lose im schwarzumrandeten Kuvert, kein Mensch ist jemals, zumindest bei schwarzumrandeten Briefen, die
ich aus dem blechernen Briefkasten genommen oder
vom Briefträger in die Hand gedrückt bekommen habe,
beim Entlangfahren am gummierten, nach pickigem
Mandelsirup schmeckenden Klebestreifen der dreieckigen Briefkuvertlasche zusammengezuckt und hat sich
seine Zunge aufgeritzt. Noch bevor ich den Briefkasten
wieder abschloß, öffnete ich schnell und beunruhigt das
schwarzumrandete Kuvert und fand, wie erwartet, eine
Todesanzeige, einen Partezettel, wie es in Österreich
heißt, der abgekürzt auch »Parte« genannt wird, auf
dem kundgetan wurde, daß der Kraftfahrer Ignaz Deweis aus meinem Heimatdorf Kamering in Kärnten im
hohen Alter von 97 Jahren gestorben, sanft entschlafen
ist, wie es auch diesmal in der Partezettelsprache hieß.

»Seine Überlegenheit ging sogar so weit, daß er oben auf der breiten Fahrstraße seine Furchtsamkeit bespöttelte. Wie würde es sich komisch machen, wenn an allen Anschlagsäulen Freiburgs am nächsten Morgen ein rotes Plakat hinge: ›Mord begangen an einer erwachsenen Butterblume, auf dem Weg vom Immenthal nach St. Ottilien, zwischen 7 und 9 Uhr abends. Des Mordes verdächtigt‹ et cetera. So spöttelte der schlaffe Herr in Schwarz und freute sich über die kühle Abendluft«, steht in der Erzählung *Die Ermordung einer Butterblume* von Alfred Döblin. Mit dem geöffneten, schwarzumrandeten Kuvert und mit dem Partezettel in der Hand ging ich über die Stiege hinauf und trat in die nach Butterblumensirup riechende Küche ein. Gerade dieser Tage hatte Christina, wie alljährlich zur Zeit der Löwenzahnblüte, in einer Wiese, am Waldrand, Butterblumen gepflückt mit der vierjährigen Siri, der beim Abreißen der knackenden, hohlen Stengel die klebrige Löwenzahnmilch über den kindlichen dünnen weißen Unterarm hinunterrann – »Es gerinnt oben ganz dick und klebrig, so daß die Ameisen hängen blieben«, steht in der Erzählung *Ermordung einer Butterblume* –, und gemeinsam rupften sie den gelben, feuchten, an den Fingerkuppen anklebenden, die Hände gelb und orange färbenden Flaum von den Butterblumenköpfen, der schließlich in einen Topf mit Wasser und Zucker gegeben, wohl zehn Stunden lang gekocht und schließlich abgeseiht wird. Die honiggelbe, siruparige Butterblumenmelasse, die man früher »Honig der armen Leute« nannte, wird in Gläser eingefüllt und mit Wasser gestreckt, als Erfrischungsgetränk verabreicht oder als Brotaufstrich benützt. »Als man Herrn Michael fragte, was er am liebsten esse, fuhr es mit kalter Überlegung heraus: ›Butterblumen, Butterblumen sind mein Leibgericht.‹ Worauf alles in Gelächter ausbrach, Herr Michael aber sich zusammenduckte auf seinem Stuhl, mit verbissenen Zähnen das Lachen hörte und die Wut der Butterblume genoß.« Am Herd, im Glastopf auf die brodelnde und Blasen schlagende Butterblumenmelasse mit dem zusammenkochenden gelben Flaum der Butterblumenköpfe schauend und Christina die Todesanzeige in die Hand gebend, die ich wenige Minuten zuvor im Flur des Wohnhauses aus dem blechernen Postkasten genommen hatte, dachte ich, jetzt sind die Dorfältesten in meinem Heimatdorf ausgestorben, denn vor ein paar Jahren, an einem nebligen Novembertag des Jahres 2004, starb auch mein Vater im Alter von 99 Jahren. Noch leben die Siebzig- und Achtzigjährigen, aber die Hundertjährigen sind tot, denn dieser Tage ist auch der Kraftfahrer Ignaz Deweis gestorben, der am 18. April 2007, in der Zeit der Butterblumenblüte, um 14.00 Uhr auf dem Kameringer Friedhof begraben wird. Er hatte uns damals – es ist lange her –, als er mit seinem Lastwagen, Tag für Tag und manchmal wochenlang unterwegs, bis Rom und Bari gekommen war, die allerersten großen gelben italienischen Weintrauben unseres Lebens mit den grünen handtellergroßen Weinblättern an den verästelten Stengeln aus dem Süden gebracht. Begraben wurde der Kraftfahrer Ignaz Deweis an einem Tag, an dem ich in der Zeitung die Geschichte von einem rabiaten oberösterreichischen Feldhasen las, der eine Frau gebissen haben soll und der die waidmannsheile Welt der Dorfmenschen so durcheinandergebracht hat, daß Polizei und Feuerwehr ausrücken

mußten und der Hase auf einem Feld in einem Meer
von gelben Butterblumen mit einer Schrotflinte er-
schossen wurde.

Weder die Dorfältesten noch die Dorfjüngsten werden
vormittags begraben, alle werden sie nachmittags beige-
setzt. Auch der Enkelsohn vom Kraftfahrer Ignaz Deweis, auf dessen Überreste nun der Sarg mit dem Leichnam seines Großvaters draufgesetzt wird, wurde, nun
schon vor zwei Jahrzehnten, im Alter von zwölf Jahren
an einem Nachmittag um 14.00 Uhr auf dem Kameringer Friedhof beerdigt, nachdem der aus der Schule ge-
kommene, bereits im Omnibus sitzende und auf die
Abfahrt wartende Junge den Omnibuschauffeur gefragt
hatte, ob er denn noch Zeit habe, um auf der anderen
Straßenseite beim Fleischhauer eine Wurstsemmel zu
kaufen, die ihm schließlich zum tödlichen Verhängnis
wurde, als er, ohne sich Überblick zu verschaffen, vor
dem Omnibus über die Straße lief und schließlich von
seinem Vater, dem Sohn des Kraftfahrers Ignaz Deweis,
meinem Schulfreund Hermann Deweis, in der Prosektur des Villacher Krankenhauses identifiziert werden
mußte, der mir nach dem Begräbnis erzählte, daß der
Autofahrer, der zu schnell unterwegs war und nicht
mehr rechtzeitg vor dem über die Straße laufenden Jungen bremsen konnte, am Vorabend des Begräbnisses ein
Blumenbukett von der Firma Fleurop in die Trauerwoh-
nung habe schicken lassen. Beim Aufzeichnen und Weiterschreiben dieser literarischen Replik auf die Erzählung *Die Ermordung einer Butterblume* von Alfred
Döblin fällt mir ein, daß uns damals – es ist lange her –
der Pfarrer Franz Reinthaler mehrmals im Jahr, beson-

ders vor Ostern, beim Religionsunterricht die Geschichte von einem Jungen erzählte, der an einem Freitag, dem Tag, an dem Jesus gekreuzigt wurde, eine Wurstsemmel gekauft und gegessen hatte und danach tödlich verunglückte, verunglücken mußte, denn der Junge hatte an einem Freitag, an dem Jesus gekreuzigt wurde, Fleisch gegessen. Ich erinnere mich, daß ich damals, nach der Erzählung des Pfarrers, selbst an einem Mittwoch oder an einem Donnerstag, wenn ich von meiner Mutter beauftragt wurde, beim Kaufmann Deutsch Schinkenwurst zu kaufen, genau auf die Fahrspur der mir entgegenkommenden Autos schaute, denn ich hatte vierzig, fünfzig dünn aufgeschnittene Schinkenwurstblätter, eingepackt in knisterndem Fettpapier, in meinen Kinderhänden.

Nachdem ich in der Küche mit dem hölzernen Kochlöffel im brodelnden und Blasen schlagenden Butterblumensirup aus den zusammengekochten Butterblumenblüten gerührt und an dem sandartig knirschenden Geräusch gemerkt hatte, daß sich der Zucker noch nicht ganz aufgelöst, und mir überlegt hatte, in welchem Park oder in welchem Café ich die Erzählung *Die Ermordung einer Butterblume* von Alfred Döblin lesen würde, und mich entschlossen hatte, daß ich nach dem Lesen der *Ermordung einer Butterblume* ins Kino gehen und mir den Film »Sehnsucht« von Valeska Grisebach anschauen würde, setzte ich mich auf dem Weg zum Klagenfurter Volkskino, immer wieder in kleinen Gärten oder Rasenstücken am Rande der Straße auf die prall und gelb aufgeblühten Butterblumen schauend, wenige Schritte vom Kino entfernt in den Garten einer

Cafeteria, ganz in der Nähe des St. Ruprechter Fried-
hofs, zog meine aus Indien mitgebrachten Farbstifte aus
der Ledertasche und markierte diese Passage in der Erzählung *Die Ermordung einer Butterblume* von Alfred
Döblin: »Er ging ruhig. Warum keucht er? Er lächelt
verschämt. Vor die Blumen war er gesprungen und hatte mit dem Spazierstöckchen gemetzelt, ja mit jenen
heftigen, aber wohlgezielten Handbewegungen geschla-
gen, mit denen er seine Lehrlinge zu ohrfeigen gewohnt
war, wenn sie nicht gewandt genug die Fliegen im Kon-
tor fingen und nach der Größe sortiert ihm vorzeig-
ten.«

Immer wieder an der Cola nippend, die verschiedenfar-
big angestrichenen Sätze in der Erzählung *Die Ermordung einer Butterblume* wieder und wieder lesend und
mit zusammengekniffenen Augen eigene, selbstformu-
lierte Sätze suchend, auf die Häuserfront der anderen
Straßenseite schauend, kamen mir die Gräber einer
Großmutter und ihrer beiden Enkelkinder in den Sinn,
an die ich wahrscheinlich schon zwei Jahrzehnte lang
nicht mehr gedacht habe, die möglicherweise auch gar
nicht mehr existieren und die, sollten sie noch bestehen,
vielleicht so schön verwahrlost sind, daß Butterblumen
drauf wachsen, denn nur auf verwahrlosten, aufgegebe-
nen, verlassenen Gräbern wachsen Butterblumen, und
nach nun wohl zwei Jahrzehnten sah ich wieder die
schwarzgekleidete Großmutter vor mir mit einer weißen Mundbinde und einem Rosenkranz mit den schwarzen Perlen und dem kleinen silbernen Kruzifix in ihren
zum Gebet gefalteten Händen in einem schwarzen Sarg
liegen. Zu ihrer linken und zu ihrer rechten Hand lagen

in kleineren, weißen Särgen zwei Kinder, deren Hände
zum Gebet gefaltet, mit einem Rosenkranz umschlun-
gen und deren Unterkiefer ebenfalls mit einem auf dem
Kopf verknüpften weißen Tuch festgebunden waren.
Vor den Särgen, links und rechts eines Sockels mit
Kreuz, auf das ein schneeweißer Christus aufgenagelt
war, brannten zwei Wachskerzen, daneben stand eine
Vase mit verschiedenfarbigen, langen Gladiolen, die
mich, beim Suchen eigener Bilder und Sätze und immer
noch auf die Hausmauer der anderen Straßenseite
schauend, sofort an meinen in der Zeit der Gladiolen-
blüte verstorbenen Großvater erinnerten, der drei Tage
in meinem Elternhaus in der Bauernstube aufgebahrt
lag, bis der Vater zu uns sagte, kurz bevor der Sarg geschlossen wurde: »Buben, geht's in den Garten und
bringt's dem Opa noch ein paar Blumen!« Mit Küchen-
messern gingen wir in den Blumengarten und schnitten
die hochgewachsenen, verschiedenfarbigen Gladiolen
ab, legten sie dem Toten in den Sarg, der schon zuge-
deckt war mit gelben, weißen und roten Astern, so daß
man nur mehr sein Gesicht mit dem weißen, buschigen
Oberlippenbart sehen konnte. Auf dem Katafalk, auf
dem die Särge der Großmutter und ihrer beiden Enkelkinder standen, der aus zwei nebeneinanderstehenden
Tischen bestand, waren an dem weißen, weit hinunterhängenden Tuch mit Stecknadeln Buxbaumzweige fest-
geheftet. Über den Leichnam der alten Frau war ein
schwarzes, durchsichtiges Bahrtuch und über die Leichen der beiden Kinder waren weiße, ebenfalls durch-
sichtige Bahrtücher gebreitet.
Was ist denn? Was ist denn passiert? rief der gerade von
einem Begräbnis kommende Bauer und Vater der bei-

den Kinder, der auf seinem Hof eine neugierig herum-
stehende Menschenmenge sah. Er lief die Treppe zum
Tennboden hinauf, sprang in das runde, zur Hälfte mit
frischem Mais gefüllte Silo hinunter, zerrte unter Le-
bensgefahr die Leichen seiner Kinder, den Jüngsten zuerst, und den Leichnam seiner Mutter aus dem Silo-
schacht. Die beiden Kinder und die Großmutter, die
sich gegenseitig retten wollten, waren an den giftigen
Silogasen erstickt. Wäre ich nicht zum Begräbnis gegangen, würden die Kinder noch leben, sagte der Bauer,
in der Menschenmenge weinend vor den drei auf dem
Hofboden liegenden Toten stehend, ich hätte die Arbeit
nicht unterbrochen, hätte das Silo vollgefüllt, und niemand hätte hineinsteigen, die Silage niedertreten können, aber ich bin zu einem Begräbnis gegangen!

Ich ging, nachdem ich die Erzählung *Die Ermordung
einer Butterblume* von Alfred Döblin gelesen hatte,
aufs Volkskino zu, verlangsamte meine Schritte und
schaute beim Weitergehen aufs Plakat des Films »Sehnsucht« von Valeska Grisebach, ging zum hundert Meter
weit entfernten katholischen St. Ruprechter Friedhof,
wo ich in meinem Butterblumenrausch auf den Gräbern
keine roten und gelben Tulpen, violetten und gelben
Stiefmütterchen und schon gar nicht die hartherzigen
Vergißmeinnicht, sondern nur mehr gelbe Butterblumen sehen wollte. Selbst ein Priester nahm statt einer
goldenen Monstranz mit der leibhaftigen Hostie verse-
hentlich einen Strauß Butterblumen aus dem Tabernakel, dessen heilige Innenwände nicht mit einem Kruzi-
fixmuster, sondern mit einem Butterblumenblütenmu-
ster gelb austapeziert waren, und auch ich nahm aus

dem blechernen Postkasten beim Abschreiten der ge-
pflegten Gräber am St. Ruprechter Friedhof statt eines
schwarzumrandeten Briefkuverts oder statt eines Strau-
ßes gelber Butterblumen ein Bündel langer, zusammen-
geknickter, mich an die Gestalt eines Hasenembryos
erinnernder rosaroter und gelber Gladiolen.

Als ich den St. Ruprechter Friedhof verließ und über
eine mit Butterblumen übersäte Wiese zwischen mehreren hochgewachsenen Birken hindurch, in denen die
Schnittstellen eingeritzter Herzen und Namen verharzt
waren, Richtung Volkskino ging, um mir den Film
»Sehnsucht« von Valeska Grisebach anzuschauen, und
mir als Proviant auf der anderen Straßenseite in der
Fleischhauerei Kranzelbinder zwei Wurstsemmeln kaufen wollte, wobei mir, während ich über die Straße ging,
wieder der im weißen Kindersarg liegende, von einem
Auto getötete, auf seinem auf dem weißen Totenpolster
liegenden Kopf einen von Bienen umschwärmten Kranz
Butterblumen tragende zwölfjährige Meinrad Deweis
einfiel, dessen Augenlider von der weißen, pickigen
Milch der Butterblumenstengel zusammenklebten und
für ewig und immer versiegelt waren, war ich, obwohl
es kein Freitag war, an dem ich *Die Ermordung einer
Butterblume* las, doch ein wenig erleichtert, als am Fenster und an der Eingangstür der Fleischhauerei Kranzelbinder die Jalousien heruntergelassen waren.

Am Ende des Films »Sehnsucht« tauchte überlebens-
groß, dunkel und körnig der Kopf eines Gras und wohl
auch Butterblumenblätter fressenden grauen Hasen auf,
kurz bevor sich der von seiner Frau verlassene junge
Schlosser, der zuvor noch den Hasenkopf mit seiner

groben Hand gestreichelt hatte, mit einer Schrotflinte ins Herz schoß. Als ein Rettungshubschrauber, der unweit seiner Schlosserwerkstatt in einem Feld gelandet war, sich langsam und wankend mit dem schwerverletzten jungen Mann hob durch die sich pfeifend immer schneller im Kreis drehenden Schwerter der Hubschrauberpropeller, blieben mir die zwischen den vom scharfen Propellerwind auf den Boden gepreßten Gräsern gelbblühenden Butterblumen, besonders im Vordergrund des Bildes, nicht verborgen. Es waren – sage und schreibe – Butterblumen auf einer Leinwand, das erste Mal in meinem Leben hatte ich gelbe Butterblumen auf einer Kinoleinwand gesehen.

Beim Nachhausegehen, als es dunkel wurde, die Blüten der Butterblumen an den Wegrändern und Gärten bereits geschlossen waren, ich noch einmal beim Vorbeigehen auf die heruntergelassenen Jalousien der Fleischhauerei Kranzelbinder schaute, mir in schneller Bilderfolge den blechernen Postkasten im Flur unseres Wohnhauses, den Glastopf mit den eingekochten Löwenzahnblüten und den Geruch des Sirups in der Wohnung vorstellte und wieder die sich pfeifend im Kreis drehenden Propellerflügel des Rettungshubschraubers auf der Kinoleinwand vor mir sah, fiel mir ein, schon vor mehr als einem Jahrzehnt in der Zeitung gelesen zu haben, daß ein schwerverletzter Bergsteiger irgendwo in den österreichischen Bergen geborgen werden sollte, der Rettungshubschrauber an der Unfallstelle im gebirgigem Gelände in einer Mulde landen mußte, zwei uniformierte Polizisten den Schwerverletzten zum Hubschrauber trugen, den Hügel hinuntergingen und in dem Moment, als sie auf Höhe der sich pfeifend dre-

henden Propellerflügel angekommen waren, von den
im Kreis sausenden Schwertern der Propellerflügel des
Rettungshubschraubers geköpft wurden.

UND: Aus dem Kino tretend, habe ich vergessen, der
Kinoleinwand die breiten Augenbinden abzunehmen.

HIMMELFAHRTSGESCHICHTE
UNTER DEM ANTLITZ EINES
MEXIKANISCHEN ZUCKERTOTENKOPFES

> »Sobald ich meine Mutter wiedersah, sagte ich zu ihr: ›Ich bin nicht gestorben, und außerdem habe ich etwas, wofür es sich zu leben lohnt: die Malerei.‹ Da ich in einem Gipskorsett liegen mußte, das von den Schlüsselbeinen bis zum Becken reichte, konstruierte meine Mutter mir ein lustiges Gestell mit einer Holztafel, um das Papier daran zu befestigen. Es war ihre Idee, mein Bett mit einem Himmel im Renaissancestil zu versehen. Sie brachte einen Baldachin an und hängte an der Unterseite einen Spiegel auf, so dass ich mein Spiegelbild als Modell verwenden konnte.« *Frida Kahlo*

Mitgenommen auf unsere sechswöchige Reise nach Mexiko, bei der auch die vierjährige Siri und der elfjährige Kasimir dabei waren, hatte ich die Bücher *Der Bildverlust* von Peter Handke, Jane Austens *Sinn und Sinnlichkeit* und von Terézia Mora den Roman *Alle Tage*, um schließlich in den Ruhestunden im einen und anderen Buch zu lesen, in Mexiko City, auf dem Hügel des Chapultepec, in einem Wohnviertel, in dem die ausländischen Botschaften angesiedelt sind und wo vor allem die Reichen Mexikos wohnen, die sich, und ich rede von Abertausenden Häusern, mit fünf Meter hohen Mauern oder Gittern, mit draufgesetzten elektrisch geladenen Stromdrähten und Wachposten vor den Schranken umgeben, denn Eingangstüren gibt es dort keine, nur sich öffnende, breite Schranken, wo ich dann also, ebenfalls verbarrikadiert und hochvergittert, bei der Embajada di Austria, in einer Wohnung, die ein ehemaliges Cinema war, immer wieder lesend, in den Ruhestunden also, Sätze aus den Büchern von Peter Handke, Jane Austen und Terézia Mora in mein Notizbuch schrieb: »Wenn es also so ist, wieso gibt sie sich nicht damit zufrieden, wieso besteht sie darauf, daß ich auf diese, ich zitiere, Himmelfahrtsgeschichte verzichte?« Ich zitiere also einen Satz aus dem Roman *Alle Tage* aus meinem mexikanischen Notizbuch, auf das ich ein Bild geklebt habe, das ich im Museo Bellas Artes gefunden habe, auf dem Frida Kahlo abgebildet ist, in einem Krankenhaus liegend, vier Jahre vor ihrem Tod, einen großen weißen Zuckertotenkopf in den Händen haltend, dessen große Augenhöhlen mit grünem Glanzpapier ausgelegt sind und auf dessen Stirn, ebenfalls auf einem roten Glanzpapierstreifen, mit weißem Zuckerguß groß FRIDA steht, Hospitalizada con calavera de azúcar. Ein Foto aus dem Jahre 1950. Frida Kahlo ist 1954 gestorben, wahrscheinlich hat sie sich das Leben genommen. »Kurz nachdem wir in den Bus gestiegen waren«, erzählt Frida Kahlo, »kam der Zusammenprall. Wir hatten zuerst in einem anderen Bus gesessen, aber ich hatte ein kleines Schirmchen verloren, und wir stiegen aus, um es zu suchen; so kam es, daß wir in diesen Bus stiegen, der mich verstümmelte. Die Straßenbahn fuhr langsam, aber unser Busfahrer war ein ungeduldiger junger Mann. Als die Bahn um die Ecke bog, schob sie den Bus gegen die Hauswand. Durch den Aufprall flogen wir nach vorn, und ich wurde von dem Handlauf durchbohrt wie ein Stier vom Degen. Ein Mann sah mich in einer riesigen Blutlache liegen, er hob mich hoch und legte mich auf einen Billardtisch, bis das Rote Kreuz eintraf. Ich verlor meine Jungfräulichkeit, eine Niere war gequetscht, ich konnte kein Wasser lassen. Niemand schenkte mir Beachtung.«

Mit meinem vollgeschriebenen mexikanischen Notizbuch, auf dem die vier Jahre vor ihrem Tod im Krankenhaus liegende, einen großen, weißen, verzierten Zuckertotenkopf haltende Frida Kahlo abgebildet ist, und mit dem Roman *Alle Tage* von Terézia Mora in der Hand, immer wieder Sätze suchend in der Nacht unseres Rückfluges – am Morgen unseres Abflugtages, unmittelbar nach dem Aufwachen, sagte die vierjährige Siri, noch im Bett sitzend, entzückt und in Vorfreude: »Mexiko City – Klagenfurt City« –, fiel mir, nachdem ich in den Wartestunden auf dem Frankfurter Flughafen die neuen Zeitungen durchgeraschelt hatte, ein langes Interview von Peter Handke in die Hände, das mich schließlich bis Klagenfurt begleitete und sanft landen ließ mit seinen Worten, die ich ebenfalls in mein Notizbuch, ins Zitatenkapitel, zu den Sätzen von Terézia Mora und Jane Austen setzte, worin Handke – ich atmete auf, und das Flugzeug landete, und die Kinder jubelten – zum Journalisten, der ihn interviewte, sagte: »Alle Hauptwörter, die mit ›ist‹ enden, treffen nicht auf mich zu. Ich bin ein Freund der Zeitwörter. Sowie Sie auf mich ein Hauptwort anwenden, ist es schon falsch. Sogar das Wort ›Autor‹ oder ›Schriftsteller‹ können Sie streichen. Ich bin kein Schriftsteller, sondern ich schreibe, ich habe geschrieben, ich werde geschrieben haben.«

Sehr gut, sagte ich mir, wir sind gelandet, wir sind wieder hier, und auch ich bin kein Schriftsteller, und auch Terézia Mora ist keine Schriftstellerin, wir schreiben und haben geschrieben, werden geschrieben haben und weiter schreiben, bis wir in einer, um ein Wort von Terézia Mora zu gebrauchen, »Himmelfahrtsgeschichte« das letzte Mal zwischen zwei Buchdeckeln auftauchen werden. »Laßt mich ausreden! Eine Gotteserfahrung gemacht, ich verstehe, daß man dafür jederzeit ins Irrenhaus kommt, es war sehr freundlich von dir, mich wieder herauszuholen«, lese ich in schwarzer Tintenschrift den in mein Notizbuch eingetragenen Satz aus dem Roman *Alle Tage* von Terézia Mora. Es war eine Gotteserfahrung und eine Himmelsgeschichte gleichzeitig, dachte ich, mein aufgeschlagenes Notizbuch in der Hand haltend, einen Finger eingeklemmt zwischen zwei Seiten, die Füllfeder in der anderen Hand, als wir in Amecameca, am Fuße des Vulcans Popocatépetl, in einer Kirche saßen und ich auf die Figur eines gemarterten, das Kreuz tragenden Jesus schaute, vor dem die Leute stehenblieben. Sie berührten seine langen Menschenhaare, Kleinkinder wurden hochgehoben, damit sie die Stirn Jesu berührten oder auch seine tiefen, rot ausgemalten Wunden küßten, als zwanzig, dreißig mit ihrer Federpracht geschmückte, singende Indianer in die Kirche einzogen. Ein kleiner Indianerjunge ging mit einer brennenden Kerze voran, gefolgt von einem Mandolinenspieler und Indianerfrauen mit Weihrauchgefäßen, die die mit Blumen über und über geschmückten Heiligenfiguren mit dem indianischen Rauch beweihräucherten, beteten und sangen und schließlich an mir und an der im Kinderwagen liegenden Siri und an Kasimir vorbei, immer wieder »Adios! Adios!« singend, rückwärts, mit dem Gesicht zum Altar, aus der Kirche gingen, so daß ich, zusammengekrümmt in der ersten Bank sitzend mit dem großen weißen Zuckertotenkopf mit den grünen Augenhöhlen in der Hand – Adios! Adios! –, mich umdrehte, auf die Indianer schaute und an die Indianerlektüre aus meiner Kindheit dachte, Karl-May-Bücher, die mir damals, am Weihnachtsabend nach der Christmette, eingepackt in Weihnachtspapier, die Pfarrerköchin schenkte, die Pfarrermarie, wie sie genannt wurde, die mir schamvoll vor der eisernen Friedhofstür das Geschenk überreichte mit den Worten: »Steck ein! Steck schnell ein!« Damit es niemand sah. Auch eine Gottes- und Himmelserfahrung.

Bald nachdem wir in Klagenfurt gelandet waren mit dem großen weißen mexikanischen Zuckertotenkopf, konnte ich nicht schreiben, nicht lesen, war ständig erschöpft und müde, wußte nicht mehr, wann ich ins Bett zu gehen, wann ich aufzustehen habe, was ich essen oder nicht essen sollte, und auch der elfjährige Kasimir stand am dritten Tag nach unserem Rückflug aus Mexiko City um zwei Uhr morgens auf, steckte sich den »Krieg der Knöpfe« in den Videorecorder und gleich danach »Der Schatz im Silbersee«, kroch um sechs Uhr morgens wieder ins Bett und ließ sich erst am frühen Nachmittag wieder blicken. Mein vollgeschriebenes Notizbuch hatte ich in den Kasten gesperrt zu meiner großen Sammlung klassischer indischer Musik – 500 Stunden klassischer indischer Musik, beginnend mit dem Jahre 1902, wo Prostituierte auf den Höfen der Maharajas sangen –, wieder herausgenommen, wieder weggesperrt und bekam schließlich von Tag zu Tag mehr Angst, die Sprache tatsächlich verloren zu haben. Ich fragte mich, warum ich wohl auch diese Passage aus dem Roman *Alle Tage* von Terézia Mora in den großen weißen Zuckertotenkopf mit den grünen Augenhöhlen hineingeschrieben hatte: »Kurz: Er hat seine Sprache verloren. Einen klugen Jungen haben sie übrigens. Im unwahrscheinlichen Porzellanweiß seines rechten Auges ist das gesamte Krankenzimmer eingefaßt.« Und ich fragte mich, ob ich vielleicht mit Peter Handkes *Bildverlust*, Jane Austens *Sinn und Sinnlichkeit* und mit *Alle Tage* von Terézia Mora nach Mexiko City zurückfliegen und am Chapultepec in die fünf Meter hoch vergitterte Wohnung, ein ehemaliges Cinema – ganz groß, in breiten geschwungenen violetten Lettern, steht noch heute ›Cinema‹ über dem Wohnungseingang –, zurückkehren sollte, wo ich meine Sprache hatte liegenlassen, und sie wiederholen, zurückfliegen sollte mit Frida Kahlos großem weißem Zuckertotenkopf mit den grünen Augenhöhlen auf dem Schoß im Flugzeug, denn mir fiel ein, daß ich das mexikanische Tintenfaß, von dem ich jeden Tag Tinte abgesaugt, hatte stehenlassen, wenige Schritte vor dem fünf Meter hohen Gitter, wo nebenan, wiederum wenige Schritte entfernt, den Hügel hinauf, vor einem Nobelhaus ein uniformierter Wächter stand, der mich einmal, als in der Nacht über mehrere Stunden im Cinema der Strom ausfiel, Kasimir zehn, zwanzig Kerzen in der Wohnung anzündete und ich auf die Straße hinausging und den Wachmann zu Rate zog, beruhigte und mir mitteilte, daß im ganzen Viertel am Chapultepec der Strom ausgefallen sei, das Licht aber in ein oder zwei Stunden wiederkommen werde, worauf ich ihm zum Dank ein paar Päckchen Manner-Schnitten brachte, Dolce de Austria! sagte ich zum Wachmann, dem wir auch ganz zum Schluß noch einmal, am Vorabend unserer Abreise, wieder Manner-Schnitten brachten, die eigentlich Kasimir den Indianern am Fuße des Vulkans Popocatépetl bringen wollte, aber wir hatten vergessen, vor unserer Reise aufs Land hinaus die Manner-Schnitten einzupacken, und der Wachmann, sich bedankend für die Süßigkeit, deutete mit dem Zeigefinger auf sein Auge, und ich wußte, daß er nicht nur aufs Nobelhaus neben dem Cinema, wo wir gewohnt haben, sondern auch auf die vierjährige Siri und den elfjährigen Kasimir in der Zeit unserer Anwesenheit in Mexiko City am Chapultepec nicht nur ein, sondern beide Augen geworfen, auf die Kinder aufgepaßt hatte.

Immer wieder blätterte ich in Klagenfurt in meinem vierhundertseitendicken Notizbuch, auf dem Frida Kahlo, auf dem Krankenbett liegend, mit einem großen weißen Totenkopf mit grünen Augenhöhlen abgebildet war, und las in der Zitatenabteilung die eingetragenen Sätze aus dem Roman *Alle Tage* von Terézia Mora, aber meine schwarze Tinte war eingefroren, und ich konnte kein Wort aus meinem Eis lösen – »Das ist so ein Moment, in dem die Verzweiflung in einem hochfährt, als wäre die Wirbelsäule, die Speiseröhre, ein Lift ...«, heißt es im Roman *Alle Tage* –, und die Angst steigerte sich von Tag zu Tag, daß ich vor Terézia Mora mit leeren Händen dastehen würde, mich vielleicht totstellen oder tatsächlich mit dem großen weißen Totenkopf mit den grünen Augenhöhlen zurückfliegen sollte nach Mexiko

City, zum Chapultepec, und mir im Cinema das vergessene Tintenfaß holen sollte, bis schließlich der 13. September 2007 kam, ich eine Lesung in der Alten Schmiede in Wien hatte und mir vornahm, am nächsten Tag in die Albertina zu gehen, zu der soeben eröffneten Ausstellung der Sammlung Batliner, um vielleicht dort ein Bild zu sehen, das meinen Sprachknoten löst, und schließlich, als ich ein Gemälde meines verehrten Chaim Soutine sah, das einen toten, auf einem weißem Tuch liegenden Fasan zeigt, versuchte ich sofort zu kombinieren und dachte an die in dem großen weißen Zuckertotenkopf in die Zitatenabteilung eingetragene kleine Geschichte aus dem Roman *Alle Tage* von Terézia Mora: »Auf seinem Weg in die Stadt überfuhr Erik einen Igel. Die Gedärme des Tiers lagen auf der Straße, eine kleine, blaue Niere. Schön ist das nicht, aber für den weiteren Verlauf des Tages spielte es vielleicht wirklich keine Rolle. Das Entscheidende, wie er immer sagt, ist erstens, den Moment zu erkennen und ihn, zweitens, im Lichte der Ewigkeit zu betrachten. Ich bin das Tier, das (im Prinzip) Autos bauen kann, während das Tier, das Stacheln auf dem Rücken hat, sterbend am Straßenrand liegt, und aus.«

Und aus! Die Geschichte hat sich! heißt es, aber mit dieser Kombinationsidee hatte sich meine Geschichte noch nicht, sie war noch nicht in Gang gekommen. Das Bild, mit dem großen weißen Zuckertotenkopf mit den grünen Augen in der Hand im Flugzeug nach Mexiko City zurückzureisen und mir im Cinema am Chapultepec das vergessene Fäßchen mit der schwarzen Tinte zu holen, dem ich sechs Wochen lang täglich am Morgen beim Schlürfen von Darjeeling-Tee Tinte abgesaugt hatte, kam mir auf der Zugfahrt von Wien nach Klagenfurt noch mehrmals in den Sinn. Ich schaute bedrückt auf die am Zugfenster vorbeiflitzenden Sträucher und Bäume, blätterte im Ausstellungskatalog, ließ den toten Fasan von Chaim Soutine lange nicht aus den Augen, dachte wieder an die Geschichte vom plattgefahrenen Igel im Roman *Alle Tage* von Terézia Mora und an die Geschichte der Igelfamilie im *Bildverlust* von Peter Handke: »Und kaum einen Augenblick später sein Stacheloval bespickt mit blauschillernden Fliegen, von denen schon zuvor ein paar die zuckende Nase umschwirrt hatten; die Stacheln im jähen Tod nicht mehr geordnet, sondern kreuz und quer« – bis ich am Bahnhof in Klagenfurt aus dem Zug stieg und mir die vierjährige Siri am Bahnsteig entgegenlief – Mexiko City – Klagenfurt City –, am Abend, kurz vor dem Finsterwerden. Auch den darauffolgenden Samstag, dem 15. September 2007, empfand ich als sprachlosen Tag, bis Sonntag, der 16. September 2007 kam, ich mich an den Schreibtisch setzte, Sätze von Terézia Mora aus dem großen weißen Zuckertotenkopf mit den grünen glänzenden Augenhöhlen herausschälte und vor mir ausbreitete. Aber wieder verließ ich resigniert meinen großen schwarzen Schreibtisch mit den schwarzen Rolläden und ging zur Stadtpfarrkirche, in der Julien Green begraben liegt. Vor der Kirche stehend und – wie immer – auf den Kirchturm schauend und an die beiden Mädchen denkend, die vor einigen Jahren sich vom Kirchturm zu Tode stürzten, der Stadtpfarrkirchengeistliche, Monsignore Mairitsch, erzählte mir, daß er im Moment des Sturzes der beiden Mädchen zur Kirche ging und in der Höhe zwei sich

aufblähende, fallschirmartige Kittel wahrgenommen
habe, die sich nach dem Aufprall am Asphalt als junge
tote Mädchen entpuppten –, schließlich in die Kirche
hineingehend, wie so oft ans Grab von Julien Green,
seine in diesen Sekunden für mich durchsichtig gewordene Grabplatte umkreisend und ihm ins blaßgelb gewordene, zusammengefallene Gesicht schauend und in
diesen Sekunden auch wieder an seine erzkatholische
Mutter denkend, die damals, als Julien vierzehn, fünfzehn Jahre alt war, seine Bettdecke zurückriß und, ein
gezücktes Messer in der Hand haltend, rief: »Julien!
Wenn du das noch einmal machst!«, wurde mir in diesem Moment, als ob ich Julien Green um Hilfe gerufen
hätte, der Hoffnungsschimmer, vielleicht doch noch
schreiben zu können, zu einem undeutlichen, wohl
noch nicht sichtbaren und faßbaren Bild, bis ich am
Nachmittag zum Klagenfurter Volkskino ging mit den
zwanzig Sätzen und kleinen Geschichten aus dem Roman *Alle Tage* von Terézia Mora in meiner Lederjacke,
mich dann und wann auf eine Bank hinsetzte, ein paar
Sätze las und weiterging, schließlich eine Straße zu
überqueren begann, hellempört meine Hand mit dem
Papier hebend, auf dem die Sätze von Terézia Mora aus
dem Roman *Alle Tage* standen, als eine Autofahrerin
unverschämt und aggressiv wenige Zentimeter vor meinen Füßen vorbeiflitzte, ein anderes Auto an der linken
Seite vor mir quietschend bremste, ein weiteres Auto
von der anderen Seite in diese Straße einbog und mir,
dem in der Straßenmitte zwischen den Autos Stehenden, ein junger Mann aus dem Autofenster zurief »Du
Wahnsinniger!«, bis ich begriffen hatte, daß ich, mit den
Sätzen aus dem Roman *Alle Tage* in der Hand, wohl

über den Zebrastreifen, aber bei Rotlicht über die Straße gegangen war, so daß mir heiß wurde, ich mich schämte, mir Angstschweiß auf die Stirn trat. Wenige Meter vor dem Cinema, im Gastgarten eines Cafés, saßen zwei schweigende Schwarze. Afrika! sagte der eine, als ich vorbeiging, Afrika! sagte er wieder, als drei Sekunden später, aus der Gegenrichtung kommend, ein anderer Mann an den beiden Schwarzen vorbeiging. Ich wollte mir den Film »Vier Minuten« von Chris Kraus ansehen, denn Julien Green und seine mit dem gezückten Messer vor dem Bett ihres Sohnes stehende Mutter haben mich im Stich gelassen, dachte ich, und mit den Sätzen von Terézia Mora in der Hand gelingt es mir vielleicht, ein paar Bilder von der Leinwand zu kratzen, den Film anzusehen, in dem Monika Bleibtreu in einem Frauengefängnis der Insassin, einer Mörderin, die von der ebenfalls wunderbaren Hannah Herzsprung gespielt wird, Klavierunterricht gibt.

Ich greife jetzt meiner Geschichte in ihrer Chronologie voraus und sage, daß ich auch diesmal wohl eine ganze Stunde lang geweint habe vor der Leinwand, wie eigentlich immer, wie bei den meisten Filmen im Cinema und wahrscheinlich seit damals, als ich sechzehn Jahre alt war und mein Vater mit einem nach Tierkot stinkenden Kalbstrick vor mir stand – »Ich will mich aufmachen und …« –, nachdem ich in Villach im Kino gewesen und später als sonst aus der Handelsschule nach Hause gekommen war, und mir den Kalbstrick unter die Nase hielt mit den Worten: »Schau ihn dir an! Schau ihn dir genau an!« Ich setzte mich wieder in die erste Reihe, damit ich ganz nahe bei der Leinwand und bei den Bildern sein konnte, und schrieb im Halbfinsteren eine Anzahl Sätze auf die Rückseite der Blätter, auf denen die Sätze und kleinen Geschichten aus dem Roman *Alle Tage* von Terézia Mora standen, einmal die Worte der alten, von moderner Musik genervten Klavierlehrerin, die von Monika Bleibtreu gespielt wurde: »Nie wieder diese Negermusik!« Und später noch einmal: »Diese Negermusik ist nicht der Rede wert!« Und die Worte der lieber Jazz als Schumann auf dem Klavier spielenden jungen Mörderin Jenny: »Mein Stiefvater wollte aus mir einen Scheißmozart machen. Mit zehn war ich schon auf allen Konzerten der Welt. Und mit zwölf hat er mich durchgefickt.« Und auf der Gefängnismauer der Leinwand und auf der Leinwand der Gefängnismauer stand ein Satz aus dem Lukas-Evangelium: »Ich will mich aufmachen und zu meinem Vater gehen!«

Bevor ich also in den Kinosaal ging, setzte ich mich ins Cinemacafé, zog wieder die Sätze und kleinen Geschichten aus dem Roman *Alle Tage* von Terézia Mora aus dem großen weißen Zuckertotenkopf mit den grünen glänzenden Augenhöhlen und las, die beiden vorbeifahrenden und das quietschend an einer Kreuzung vor mir stehenbleibende Auto auf dem Weg zum Kino, was ich bei der Textauswahl geahnt haben mußte, vor Augen: »Heute habe ich einen Mann gesehen, der muß aus dem Himmel gefallen sein oder aus der Hölle gefahren, als er … Und: ›Wie auch immer‹, sagte sie schließlich. ›Er ist nicht tot. Sondern lebt und wirkt völlig normal, bis auf den Umstand, daß er daran festhält im Himmel zu sein.‹« Ja, dachte ich, an einer Cola nippend,

beim Wiederlesen der immerselben Sätze von Terézia
Mora, ich bin nicht tot, kein Aufprall, ich wurde auch
von keinem Stück Eisen durchbohrt, »wie ein Stier vom
Degen«, um die Worte von Frida Kahlo zu gebrauchen,
lag auch in keiner riesigen Blutlache – ich erinnere mich,
wenige Tage vor unserer Abreise aus Mexiko City sahen wir bei einem Verkehrsunfall im dichten Regen und
im langsamen Vorbeifahren zwei Männer, die auf dem
Asphalt ein weißes Tuch behutsam ausbreiteten –, nein,
ich war nicht überfahren worden, ich lebe, niemand
muß, um die Worte aus dem Roman *Alle Tage* zu gebrauchen, einem Skelett Kleider anziehen. Ich steckte
den großen weißen Zuckertotenkopf mit den grünen
Augenhöhlen wieder in meine Tasche, stand auf, schüttelte meine Beine, denn ich mußte mich schließlich ver-
gewissern, daß ich tatsächlich noch am Leben war, ging
wieder vors Kino, denn es war noch Zeit für den Film,
auf die beiden, noch immer auf der Caféterrasse sitzenden Schwarzen zu in der Hoffnung, daß sie wieder,
wenn ich langsam vorbeigehe, »Afrika!« sagen würden.
Sie schwiegen, sie sagten kein Wort, aber ich spürte
längst, noch bevor ich als letzter ins Kino gegangen, das
ich als letzter verließ, daß meine Himmelfahrtsgeschichte in Gang gekommen war im Cinema am Chapultepec
mit dem *Bildverlust* von Peter Handke und der Igelfamilie: »Und fast zugleich auch das aus dem Unterholz
tappende Igeljunge, kaum apfelgroß, die soeben ver-
reckte Mutter oder den soeben verreckten Vater kurz
beschnuppernd und schon wieder verschwunden im
hohen Gras.«

O, HERR JESU CHRIST, SCHLAG NUR ZU!

»... ein paar hilflose Autos, einige bösartig hupende Busse«, lese ich in der Prosa *Junge Römer* von Jürgen Lagger, »reißen mit noch verbliebener Restgeschwindigkeit Laufmaschen, sich sofort von selbst wieder schließende Löcher in dieses zart pulsierende Gewebe, verlieren dabei stetig an Schwung und bleiben schließlich in den nur flüchtig, in den achtlos, aber dennoch fein und haltbar geknüpften Netzen hängen: solcherart verfangen sich metallene Fische in den warmblütigen Körpersträngen, die sich vor ihren glasig leuchtenden Köpfen zu bedrohlich dunklen, wolkigen Knäueln verdichten und fauchen und ächzen aus eingedrückten Falttürkiemen, driften nur mehr richtungslos dahin«, lese ich also in *Junge Römer* von Jürgen Lagger und steige am Fronleichnamstag wieder in den gelben Bus an einer Haltestelle im römischen Prenestina, wo ich damals ein halbes Jahr wohnte, in einen Bus, auf dessen Rückfront, als Werbung und Warnung, neben einem Sturzhelm auch ein Totenkopf abgebildet war, einäugige und blinzelnde Zwillinge, der eine zwinkert dem Leben, der andere zwinkert dem Tod zu, einen Bus also, der tagtäglich mit mir als Insassen vor dem römischen Campo Verano stehenblieb mit dem Fauchen und Ächzen der eingedrückten Falttürkiemen und der weiterfuhr Richtung Centro storico, wo er einmal unterwegs stockte, der Fahrer des Busses erschrocken auf die Bremse trat, als wir, von den Sitzen gerissen, aus dem Fenster schauend ein blauweiß gestreiftes Polizeiauto sahen, das nach einer Verfolgungsjagd mit hoher Geschwindigkeit in eine Mauer gerast war, einer von der Kirchturmspitze gefallenen, noch einmal aufjaulenden und schließlich ausschnaufenden Ziehharmonika ähnlicher sah als einem Personenwagen, an dem die entsetzten, mit hochroten Gesichtern dastehenden Polizisten Totenwache hielten vor den zerquetschten und zerfetzten, immer noch uniformierten Leichen ihrer Kollegen und auf den wieder anfahrenden gelben Bus schauten, in dem wir, uns an den Haltegriffen festhaltend, am Fenster standen und auf dessen gelber Rückfront der orangefarbene Sturzhelm und der ebenfalls orangefarbene Totenkopf mit- und gegeneinander kommunizierten, der Sturzhelm kokett »Ciao, come stai!« sagte und der Totenkopf beinhart »Grazie, tutto aposto!« antwortete »in den gemauerten Eingeweiden der Stadt«, um einen Ausdruck aus der Prosa *Junge Römer* zu verwenden, wo ich schließlich in der Stadtmitte, im Centro storico also, auf dem Weg in die Bibliotheca Hertziana, nachdem der Bus mit dem wieder schweigenden Sturzhelm und dem ebenso dichthaltenden Totenkopf auf der gelben Rückfront des Busses angehalten hatte mit seinem am Fronleichnamstag von Station zu Station prozessionierenden Fauchen und Ächzen der Falttürkiemen, ausgestiegen war und beim Weiter*leben* der Prosa habe ich, mich vertippend, geschrieben, also und natürlich beim Weiter*lesen* der Prosa, soll es heißen, *Junge Römer* von Jürgen Lagger, in den, um abermals seine Worte zu gebrauchen, »makabren Rausch verfalle« und nun in den Laufmaschen des Todes mich wiederum, wir waren zu dritt, Christina, der Mailänder Literaturprofessor und ich, auf der italienischen Autobahn sah, von Napoli

nach Roma, bei dichtem und schnell sich darniederfä-
delndem und Dunst und Nebel aufbauschendem Regen, wie ich einen roten Porsche unter einem Lastwagen
sah, der auch wie angegossen unter den Lastwagen paß-
te, aber mit Blut bespritzt war, denn auf der anderen
Seite aus dem nassen Fenster des Autos schauend, sahen
wir verschwommen Tausende verstreut auf der Straße
liegende Tomaten, mehrere mit Packpapier und der
rosaroten Sportzeitung, Gazzetta dello Sport, zuge-
deckte Tote und einen ebenfalls zwischen den auf dem
Asphalt liegenden Toten und den Tomaten, auf die der
Regen niederprasselte, liegenden blutüberströmten jungen Mann, der sich gespenstisch aufsetzte, sich Blut mit
den Händen vom Gesicht wischte, mehrmals Blut vom
Gesicht wischte und wieder, ich sah es, mich umdre-
hend und aus dem vom Regen verschwommenen Rück-
fenster des Autos schauend, nach hinten kippte, so daß
der blutbeschmierte Kopf auf den Asphalt fiel – Grazie,
tutto aposto! –, während der abgebildete orangefarbene
Sturzhelm auf der Rückseite des immer weiterfahren-
den gelben Busses im Gegensatz zu seinem einäugigen
Zwilling längst in Schweigen verfallen war, in den gemauerten Eingeweiden dieser Stadt, wo sich, um die
Worte aus *Junge Römer* zu gebrauchen, »unsere Sprachen überlappen«, also meine und seine, um es so zu
sagen, und ich, in dieser feinkristallenen Prosa von Jürgen Lagger weiterlesend, zurückkehre zur Ziehharmonika, die kopfüber vom Kirchturm gefallen war mit den
Bernsteinknöpfen der Fingernägel und den Bernsteinknöpfen der Fußnägel, und, vom Lesen dieser Geschichte aufschauend, den Buntspecht im Geäst eines
vor meinem Fenster stehenden Baumes suche und nicht

finde, vor allem das schöne Rot seines gefiederten
Bauchs, und statt des Buntspechts hinter dem entblät-
terten Geäst des Baumes vor meinem Fenster die Kirchturmspitze der Stadtpfarrkirche von Klagenfurt sehe,
von der sich zwei Mädchen, die von der Psychiatrie im
Landeskrankenhaus Klagenfurt Freigang bekommen
hatten, in den Tod stürzten, und mir vorstelle, mit gerun-
zelter Stirn und zusammengekniffenen Augenlidern,
daß mir alle österreichischen römisch-katholischen
Kirchtürme über den Buckel rutschen können mit den
unzähligen kunterbunt über meine hervorstehenden
Wirbelsäulenknochen holpernden Gekreuzigten, mit
dem den nach einem Blitzschlag schwer angeschlage-
nen, orangefarben glühenden Kirchturm meines Heimatdorfes löschenden und ebenfalls über meinen Buk-
kel rutschenden Sankt Florian, dem über meine Wirbelsäulenknochen holpernden Drachentöter Sankt Georg,
der wieder und wieder mit einer Lanze in den aufgerissenen roten Rachen des Drachen stößt, bis also, um die
Worte aus *Junge Römer* zu gebrauchen, »manche der zu
fett, zu schwer gewordenen Wortgefüge endlich platzen
und unverständlich durchmischt als fröhlicher Konfet-
tiregen prasselnd in den Straßen niedergehen« mit den
über meinen Buckel rutschenden blutigen Kirchtürmen
und einer im Zylinder der Kirchturmschachtel purzeln-
den Pietà und dem neben der ausschnaufenden Ziehharmonika auf dem Boden liegenden Jesuskind mit den
Krokodilstränen der Schadenfreude in den Augenwin-
keln. »Mein Jesus, ich will nichts als dich!« steht im
›Himmelsweg für Jünglinge‹, einem katholischen Ge-
bet- und Lehrbuch. »Willst du mich krank, so will auch
ich. Willst du mich arm, ich bin drob froh. Willst du

mich elend, sei es so! Willst du mich ohne Trost und Ruh – Ich halte still – Herr, Jesu Christ, schlag nur zu! Nur bis die Seel vom Leib sich trennt, laß mir dein sü-ßes Sakrament.«

SAG »JOE«, DAS LÖST DIE LIPPEN:
NO MILK TODAY!

> »Kopf hoch, Joe, zum Himmel, wir haben dich
> im Auge ...«   *Samuel Beckett: ›He, Joe‹*

*He, Joe! »Meine Stimme, als ich anfing, auf dich einzu-
reden ... Wie hell sie war ... Nicht, Joe? ... Silberhell ...
Wie an jenen Sommerabenden im Park ... In der ersten
Zeit...Unseres Idylls ... Als wir dasaßen, inmitten der
Tauben ...«* Der fette Buntspecht mit dem roten Genickfleck und den weißgefärbten Wangen, der mich seit
Jahren vor dem Fenster meines Schreibzimmers be-
sucht, flog gegen die Fensterscheibe, taumelte kurz, ret-
tete sich auf den Ast des Nußbaums, verharrte still wohl
eine Minute lang – He, Joe! Es sitzt eine Nachtigall im
Sterben! – und flog, während wir, Joe und ich, uns fra-
gend anschauten, zuerst weiter auf einen Ast des Nuß-
baumes und dann davon, auf den Kirchturm zu, von
dem sich, Jahre ist es her, zwei Mädchen hinunterge-
stürzt hatten. Bevor Joe mein Schreibzimmer verließ,
nachdem er mir erzählt hatte, daß seine Großmutter
immer wieder gerufen hatte: »Joey! Zieh dich an, jetzt
gehen wir in die Stadt, ins Kino!«, fragte er mich, bevor
er sich also von meinem großen schwarzen Schreibtisch
mit den waagrechten schwarzen Rolläden entfernte,
nach dem Film »Der Untergang des Hauses Usher« von
Jean Epstein aus dem Jahre 1928, in dem der damals
junge Luis Buñuel Regieassistent war, einem Film, den
ich kürzlich in einem Videoladen in Milano gefunden

hatte, nachdem ich mit einem Mailänder Literaturprofessor in einem Kloster das erste Mal in meinem Leben
»Das letzte Abendmahl« von Leonardo da Vinci gesehen hatte, erstarrt davor stehengeblieben war, ja, mir
sogar zu meinem eigenen Schrecken und zur eigenen
Scham, aber auch Freude, zwischen den Leuten stehend, wohl überwältigt von der Schönheit des Bildes,
Tränen übers Gesicht geronnen waren, die ich, zwischen den Leuten stehend, mit meinem aus der Hose
hängenden Hemdzipfel trocknete, worauf ich, als wir
nach zehn Minuten den Saal verlassen mußten und, beobachtet von Videokameras und bewaffnetem Wach-
personal, durch mehrere hinter uns schließende Glastü-
ren auch tatsächlich verließen, an dessen einer Wand
»Das letzte Abendmahl« von Leonardo da Vinci zu sehen ist, vor dem Souvenirladen gestolpert und beinahe
mit meiner Stirn und mit dem letzten Abendmahl in
meinem Kopf gegen die Glastür gedonnert wäre und
wir schließlich das Gelände verließen und die Straßen in
Mailand weitergingen, bis ich in den überdachten Kolonnaden, in einem Laden, den Film »Der Untergang
des Hauses Usher« von Jean Epstein gefunden hatte,
den ich schließlich Joe vor meinem schwarzen Schreibtisch mit den schwarzen Rolläden aushändigte, nachdem er mir erzählt hatte, daß ihn seine Großmutter
mütterlicherseits, die, wie er zu betonen wußte, eine
Verwandte von Karl Kraus war und aus Brünn stammte
– »Joey! Zieh dich an ...« –, immer wieder ins Kino mitgenommen hatte, in dem die Billeteure, im Kinosaal
und im Flur des Kinos auf und ab gehend, tannenduft-
artiges Desinfizierungsmittel versprühten und in dem –
vielleicht war es aber ein anderes Kino, an einem ande-

ren Ort, denn die Familie von Joey wechselte ihre
Wohnorte mehrmals und ließ sich offenbar nur in Or-
ten nieder, in denen auch tatsächlich ein Kino war, und
in einem Ort wie damals in Fürnitz bei Villach, wo sich
die Familie von Joey niedergelassen hatte, der kein eige-
nes Kino hatte, wurde eine große Küche in einem Gasthaus zu einem Kinosaal umgewandelt, der Filmprojektor auf den erkalteten Kachelofen dieses Saales gestellt,
in dem sonntags vom Kärntner Kriegsopferverband auf
einer ausgerollten Leinwand Filme vorgeführt wurden,
wobei sich Joey mit einem Freund zu einem Jugendverbotfilm einschlich, die beiden Buben sich am Küchen-
fenster hinter einem langen Vorhang versteckten und
zwischen den Vorhangfalten auf den Film »Liane, das
Mädchen vom Urwald« schauten, aber durch das unge-
schickte Berühren oder Festhalten des Stoffes fiel der
Vorhang zu Boden, und die beiden lüstern auf die Leinwand Schauenden blamierten sich vor den überraschten
erwachsenen Kinobesuchern, erzählte Joe, als wir einander gegenübersaßen an meinem großen schwarzen
Schreibtisch mit den schwarzen Rolläden, der verletzte
Buntspecht längst schon den Nußbaum vor meinem
Fenster verlassen und das Weite, Richtung Kirchturm,
gesucht hatte und ich ihn fragte, ob er mir denn ein paar
Geschichten aus seiner Kindheit erzählen könne, nachdem ich ihm längst davon berichtet hatte, daß ich, nachdem wir, der Mailänder Literaturprofessor und ich, »Il
Cenacolo« von Leonardo da Vinci gesehen hatten und
lange, mit heiß glühenden Wangen, den rechts von Jesus
sitzenden Johannes, eigentlich eine Frauengestalt, angestarrt hatten und danach, nachdem der Literaturprofessor und ich durch die Straßen Mailands geschlendert

waren und ich schließlich in den Kolonnaden in Mailand den Film »Der Untergang des Hauses Usher« von Jean Epstein gekauft, in dem der junge Luis Buñuel Regieassistenz geführt hatte und den ich, Joe also – *»Stell dir vor, was in ihrem Kopf da los war … Stell dir vor … Schleift ihre Füße durchs Wasser wie ein Kind … Schluckt noch ein paar auf dem Weg…Soll ich weitererzählen, Joe? … He, Joe? …«* –, als er vor meinem großen schwarzen Schreibtisch mit den waagrechten schwarzen Rollläden saß und aus seiner Kindheit berichtete, bat, nicht auf hochdeutsch, sondern im Kärntner Dialekt zu erzählen, ich ihm aber, so dachte ich, als wir einander am großen schwarzen Schreibtisch mit den waagrechten schwarzen Rolläden gegenübersaßen, verschwiegen hatte, daß ich damals in Milano, nachdem ich das erste Mal in meinem Leben »Das letzte Abendmahl« von Leonardo da Vinci gesehen hatte, nicht nur den »Untergang des Hauses Usher«, sondern auch den Film »In einem Jahr mit dreizehn Monden« von Rainer Werner Faßbinder gekauft hatte, einen Film, den ich vor langer Zeit schon in Berlin gesehen, in dem die letzten fünf Tage eines Transsexuellen geschildert werden und in dem der Schauspieler Volker Spengler, die Arbeitsstätte seiner Jugend aufsuchend – er war einst Fleischhauerlehrling –, mit Kopftuch und in einen Leopardenfellmantel gekleidet in einen Schlachthof hineinging und mit seinen Stöckelschuhen in einer Blutlache vor den blutüberströmten, hängenden, auf Ketten an ihm vorbei- und im Kreis fahrenden geschlachteten Tieren stand und eine immer lauter werdende und verzweifelte Sprache der Wut, des Grolls, der Trauer, des Hasses, der Liebe und Verzweiflung über seine Lippen kam – »So hat man mich bekränzt, um mich geschmückt als Opfertier zum Altar zu führen« –, so daß ich, damals im Arsenal-Kino in Berlin, lange den Saal nicht verließ und auf die sternhagelvolle Leere der weißen Kinoleinwand, meiner Seelenverwandten, starrte, als wären mir die Schuppen von den Augen gefallen, denn ich stellte mir als Kind meine Seele weiß vor, so weiß wie Schnee und so rot wie Blut und so schwarz wie Ebenholz und als Viereck in meiner Brust, nahe beim Herzen, knapp unter der Halsschlagader, also lange auf die Leinwand blickte, bis mich die Billeteure höflich, aber bestimmt darum baten, den Saal zu verlassen oder eine neue Kinokarte zu kaufen für die Wiedervorführung des mit seinen Stöckelschuhen und mit seinem Leopardenpelzmantel in der Blutlache zwischen den bluttropfenden Rindskadavern und abgeschlagenen Rindsschädeln stehenden Transsexuellen in seiner verzweifelten Sprache: »Jetzt seh ich wohl, warum ich feiern soll, damit mein Lied nur nicht vollkommen werde.«

Und sich der Filmvorführer höchstpersönlich, nachdem der Vorhang gefallen war vor den beiden auf dem Fensterbrett stehenden Buben – »*Kopf hoch, Joe, zum Himmel, wir haben dich im Auge ...*« –, die sich zu einem Jugendverbotfilm eingeschlichen hatten in die Küche eines Gasthauses in Fürnitz, die sonntags zu einem Kinosaal umgewandelt und verzaubert worden war, wie mir Joe vor meinem schwarzen Schreibtisch mit den schwarzen Rolläden erzählte, bevor ich ihm den Film »Der Untergang des Hauses Usher« gegeben hatte, sich also der Filmvorführer zuerst über den Bubenstreich aufregte, um Joes Worte zu gebrauchen, dann aber amüsiert gelacht hatte und wir zur Strafe, so

Joe, keck lachend in meinem Arbeitszimmer vor meinem schwarzen Schreibtisch mit den schwarzen Rollläden, jeden Sonntag die Filmrollen der in der Gasthausküche in Fürnitz vorgeführten Filme händisch zurückspulen mußten, die Bilder im Kreis drehten, bis die elendslangen, breiten Negativstreifen aufgerollt waren auf drei, vier Aluminiumspulen. Der Filmvorführer, stell dir vor, so Joe, mit glitzernden Augen und Rumpelstilzchenlachen vor meinem schwarzen Schreibtisch sitzend, war ein John-Wayne-Typ, der aus der Kinoleinwand gesprungen sein mußte, ein Angestellter des Kärntner Kriegsopferverbandes, der sich hinter einen Filmprojektor stellte und mit seinem Henrystutzen Indianer massakrierte. Damals, so Joe, gab es in der Steiermark einen Zug mit dem Namen »Der blaue Blitz«, in den ich oft eingestiegen bin, um nach Graz zu fahren, um dort ins Non-Stop-Kino zu gehen. Meine Familienmitglieder mußten sich um mich niemals Sorgen machen, wenn ich zu spät nach Hause kam, denn man wußte, daß ich mit hocherhobenem Kinn in der ersten Reihe vor der Kinoleinwand saß. »Joey! Zieh dich an, jetzt gehen wir in den Markt hinein, ins Kino!«

Nein, zu mir sagte niemand: »Joey! Wasch dich, putz dir die Zähne, zieh dich an, wir werden ins Kino gehen!« Nein, ich kam einmal, da war ich fünfzehn Jahre alt und ging in Villach in die Handelsschule, an einem Nachmittag nicht um halb drei, sondern erst um Viertel vor fünf mit dem Omnibus nach Hause, setzte mich in die Küche an den Tisch, mit dem Rücken zur Tür, löffelte an der aufgewärmten Suppe, die mir die schweigsame und verschwiegene Mutter diesmal mit besonde-

rer, mich irritierender Wortlosigkeit auf den Tisch stellte und unter mein Kinn schob, als mein Vater – He, Joe,
ich sah es im Augenwinkel, rechts, wo der Sparherd
stand, eine gelbrote Flamme züngelte aus dem Loch der
großen, heißen Herdplatte – damals tatsächlich, um
Joes Worte zu gebrauchen, ein John-Wayne-Typ, die
Stallarbeit, die er gerade erst begonnen haben mußte,
unterbrach, mich von hinten, die Küchentürschwelle
überschreitend, überraschte, mir einen nach Kuhscheiße stinkenden Kalbstrick mit den Krallen seiner Fingernägel, unter denen sich ebenfalls Kuhscheiße befand,
unter die Nase hielt und mit bedrohlicher, mir nie mehr
aus den Ohren gegangener Stimme sagte: »Schau ihn dir
an! Schau ihn dir genau an!« (Seine Fingernägel schnitt
er immer mit einer Zange, mit der er den Ferkeln die
Zähne abzwickte.) Meine Beine schlotterten unter der
Tischplatte, mit tränenverschwommenen Augen starrte
ich auf die Fettaugen in der Suppe. Dann drehte er sich
um und ging hinter meinem Rücken wieder zur Küchentür hinaus. Ich war zu spät nach Hause gekommen,
ich war in Villach im Bahnhofskino gewesen, in dem,
wenn ein Güterzug am ersten Bahnsteig unmittelbar
neben dem Kino vorbeidonnerte, die Sessel zitterten.
Ich hätte damals, als ich die heiligen Kinohallen in Villach mit den Kirchhallen nicht nur vertauscht, sondern
längst auch verwechselt hatte, am liebsten in meinem bil-
derkargen Heimatdorf, in dem ich die ersten vierzehn
Jahre meines Lebens verbracht hatte, Bilder und Sätze
vom nächtlichen Sternenhimmel gekratzt, aber ich war
noch zu klein und habe mir dann später, wie Joe –
»*Das einzelne Wort ... Die Mühe, es zu vernehmen ...
Das Hirn müde vom Würgen ...*« – einige Jahre zuvor

und nur wenige Kilometer von meinem Heimatdorf entfernt, ohne Angst zu haben vor dem den Rachen weit aufreißenden und den halben Kinosaal verschlukkenden, brüllenden Löwen, die Sterne von Metro-Goldwyn-Meyer von der Leinwand geholt, ja, wir haben abgeräumt, richtig abgeräumt, es war ein Kasino der makaberen Fantasie, als Franco Nero im allerersten Django-Film an einem Strick einen Sarg durch die Gegend schleifte und ein anderer Strick im Film »Hängt ihn höher« so fürchterlich knarrte aus dem Lautsprecher im Apollo-Kino, als der als Rinderdieb denunzierte Clint Eastwood aufgehängt wurde an einem Baumast und ich den lange im Wind schwankenden Körper des Erhängten auf der Leinwand sah, daß ich nach meinem verschmutzten Hemdkragen griff, die geschwollenen und blauangelaufenen Halsschlagadern abtastete im muffigen, rotgepolsterten, kleinen Vorführsaal des Apollo-Kinos in Villach, direkt am Ufer der Drau. Ja, es waren die Westernhelden, es waren die Glorreichen Sieben, es war die todessüchtige Mundharmonika im Film »Spiel mir das Lied vom Tod« von Charles Bronson, es war der Film »The Wild Bunch – Sie kannten kein Gesetz« von Sam Peckinpah, wo ich das erste Mal die Guten oder die Bösen, das war mir gleichgültig, in Zeitlupe mit hocherhobenen Händen und gestrecktem Körper im Kugelhagel sterben sah, und es waren natürlich die Beatles, die Pilzköpfe, wie wir sie nannten, und die Stones, und es war der Hit »No milk today« von den Herman's Hermits, den ich mir tausendmal anhörte, no milk today, vermaledeiter, nach Kuhscheiße stinkender Kalbstrick, es waren die Blue-Jeans, wie wir sie nannten – He, Joe, du erinnerst dich, Gammler! hatten

sie uns genannt, Gammler! Und No milk today! haben
wir Bauernjungen zurückgerufen! Und der Engel Wut
hat den Kirchturm umgedreht und mit der Spitze voran
in Gottes Erde hineingebohrt, und so haben sie sich selber dem Himmelsboden gleichgemacht, die aufrecht
am Altar stehenden und mit Blattgold verzierten Engel,
die nur so lange, bis ich ihnen als rotgekleideter Mini-
strant auf der Rückseite des Altars hinter die Schliche
gekommen war und ihren ausgehöhlten, hohlen Holz-
körper bestaunte und abtastete mit meinen Kinderhänden. *Und wenn man dich jetzt sieht ... Nur noch eine
einzige Passion ... In deinem Kopf die Toten töten.* Au-
ßen hui und innen pfui! hat der Dorfpfarrer immer wieder von der Kanzel gerufen bei seinen Predigten, als er
mit seinem Rücken am Altar vor den vergoldeten, hinten ausgehöhlten Engeln stand. Und nicht zu vergessen,
Klaus Kinski und Jean-Luis Trintignant im Film »Leichen pflastern seinen Weg«, und das alles entweder im
Apollo-Kino am Ufer der Drau oder im Bahnhofskino
beim Rattern des Maschinengewehres auf der Leinwand
und beim gleichzeitigen Vorbeirattern eines Güterwag-
gons am Bahnsteig eins in Villach.

»Und da gibt es noch eine Leich!« sagte keck und spitz-
bübisch Joe, mir vor meinem großen schwarzen
Schreibtisch mit den Rolläden gegenübersitzend, als
vom Untergang des Hauses Usher noch gar keine Rede
war und ich nicht im entferntesten an das »Letzte
Abendmahl« von Leonardo da Vinci gedacht, das ich in
Milano tränenreich in einem Kloster betrachtet hatte.
Ja, alle sind sie untergegangen mit dem Hause Usher, in
einem Jahr mit dreizehn Kinos, alle Filmhäuser, das

Apollo-Kino am Ufer der Drau, das Bahnhofskino bei den Gleisen, und auch das Elite-Kino gibt es nicht mehr in Villach, unweit von Fürnitz, wo man damals in einer Gasthausküche das Sonntagskino mit der aufrollbaren Leinwand eingerichtet hatte. Da gibt es also noch eine Leich!, um Joes Worte zu wiederholen. Nach dem Tod meines leiblichen Vaters in Köflach, so Joe, verbrachte ich die Sommerferien immer am Faakersee, wo ich zwei hübsche Mädchen kennenlernte, die Eis verkauften, nämlich Erika Pluhar und Heidelinde Weiss. – »*Bis eines Nachts … ›Du Narr, deine Seele‹ … Hetz' deine Würger darauf … He, Joe? … Je daran gedacht? …*« – Einmal, so Joe, an einem verregneten Wochenende, unweit vom Eisladen, wurde ein Leichnam an den Strand des Faakersees gespült. Ich habe den aufgeblähten Leichnam mit meinem Finger angetastet, dann die Fingerspitze zu fest auf die Haut gedrückt und bin eingesackt mit meinem Zeigefinger ins verwesende Fleisch der Wasserleiche. – Nachdem Joe längst meinen schwarzen Schreibtisch mit den schwarzen Rolläden verlassen hatte, rief ich ihn auf seinem Handy an und flüsterte ihm ins Ohr: He, Joe, gib's zu, in der linken Hand hast du das Vanille- und Schokoladeeis von der Erika Pluhar und von der Heidelinde Weiss gehalten, und den Zeigefinger deiner rechten Hand hast du schnell wieder zurückgezogen aus der Wasserleiche, in die du eingebrochen bist, und deinen Finger hast du schnell im Gras abgestreift, stimmt's? Und von der einen hast du den Vanillegupf und von der anderen den Schokoladegupf bekommen, stimmt's? Gib's zu! – Und die erste Leich? Sag's, erzähl, Joe, öffne die Lippen! Joey ging in Fürnitz in die erste Klasse der Volksschule. Nicht auf der ausgerollten Kinoleinwand in der Küche des Gasthauses in Fürnitz, als die Familie damals, nachdem die englischen Besatzer weggezogen waren, in einem Barackenlager gewohnt hatte, habe er einen riesiggroßen, übers Land ziehen Schwarm Heuschrecken gesehen, Abermillionen Heuschrecken, die ringsum die Getreidefelder der Bauern kahlfraßen, in wenigen Minuten nur. Zwei wohl zwanzig Zentimeter große Heuschrecken, so Joe, habe er in seinem Schlafzimmer in der Mulde seines Kopfpolsters gefunden. Kaum hatte das schulpflichtig gewordene Kind mit der Schweinslederschultasche auf dem Rücken und den staubtrocken mumifizierten Heuschrecken in den beiden Kinderhänden die Volksschule betreten, starb der Volksschuldirektor. Er fiel um und war aus heiterem Himmel tot, stimmt's, Joe? Die Kinder schlichen sich an den in einem schwarzen Sarg liegenden, offen aufgebahrten Leichnam des Volksschuldirektors, dessen Halsschlagader von einem blauen Strich gekreuzt war, heran und stachelten sich gegenseitig an mit spitzem Kindermund und deuteten mit kekkem Fingerzeig auf die blaue Nasenspitze des Toten: »Wer getraut sich? Du Feigling! Du feiger Hund!« Nachdem Joey das kalte Gesicht des Toten berührt hatte, lag er lange schlaflos zwischen den auf der Kinoleinwand herumschwirrenden, alle Bilder aus den Filmen »Leichen pflastern seinen Weg« und »Spiel mir das Lied vom Tod« kahlfressenden Heuschrecken.

Nachdem ich den großen, bunten, zu Allerheiligen aus Mexiko, unweit vom Vulkan Popocatépetl, vom Día de los muertos mitgebrachten Zuckertotenkopf enttäuscht ins Bücherregal neben die zur Seite gerutschten Filme

»Der Untergang des Hauses Usher« und »In einem Jahr
mit dreizehn Monden« gestellt hatte, ich wollte ihn
Alice zeigen, in der Hoffnung, daß sie so etwas noch nie
gesehen habe, erzählte sie mir, ebenfalls vor meinem
großen schwarzen Schreibtisch mit den schwarzen
Rolläden sitzend, daß sie öfter mit ihrem Vater Joe, der
Mutter Inge und mit dem damals noch kleinen Bruder
Christopher eine Familie besuchten, die sich eine bis
auf die Grundmauern verfallene Kirche gekauft hatten,
wo sie ihren Vater und den Besitzer der Kirchenruine
öfter – beide rosaroten Bazooka-Kaugummi kauend
und mit großen hellrosa hauchdünnen Kaugummiblasen
vor dem Mund – mit ausgestreckten Händen auf
dem Boden, in mystischer Verzückung in den Himmel
hinaufschauend, auf dem Rücken im Gras habe liegen
sehen. Bevor die Familie die Kirche neu aufbaute, so
Alice, an der Stelle, wo der Altar gestanden haben muß,
haben wir einmal ein Lagerfeuer gemacht und stundenlang in die Glut hineingestarrt, an der Stelle also, wo
einst die Schmerzensmutter, ihren toten Sohn in den
Armen haltend, umgeben von vergoldeten Engeln mit
hohlen Rücken, gestanden haben muß. He, Joe, wo waren die gehobelten Sägespäne, die Engelslocken, der
ebenfalls am Rücken ausgehöhlten Pietà geblieben?
Wurden die Engelslocken aufgesammelt in der Tisch-
lerwerkstatt und in eine Monstranz hineingestopft? Im
Inneren des Tabernakels, der mit dem Letzten Abendmahl von Leonardo da Vinci austapeziert war, stand
statt einer Hostienmonstranz ein kleiner Plastikfilm-
gucker, den damals der Joey zusammen mit einem Farb-
negativ aus der Kaugummipackung nahm, um dann das
gerahmte Negativ vor die Linse zu schieben. Den Kopf

tief in den mit dem Letzten Abendmahl austapezierten
Tabernakel hineinsteckend, durch die Linse des kleinen
Plastikfilmguckers schauend, sah Joey den Filmregisseur Roman Polanski in seinem Film »Der Mieter«, der
den scheuen, schmalen, jungen Bankbeamten Trelkovsky verkörperte, der, immer wieder seine feuchten Händen an seinen Oberschenkeln abwischend, für sich eine
Bleibe suchte. Die Vermieterin zeigt ihm in einem deso-
laten Haus ein Appartement, aus dem die vormalige
Mieterin aus dem Fenster in den Tod gesprungen war.
Bald nachdem Trelkovsky eingezogen war, spielten sich
mysteriöse und merkwürdige Dinge ab, ein Nerven-
krieg auf den Treppen des muffigen Gebäudes mit den
hinterhältigen und tyrannischen Nachbarn, bis sich
Trelkovsky, immer wieder an die Vormieterin denkend,
die von den Nachbarn zu Tode gequält wurde, die Fingernägel zu lackieren beginnt, sich eine Perücke und die
Kleider seiner Vorgängerin Simone Choule anzieht, die
er in ihrem Schrank vorgefunden hat. Es war ein hell-
lichter Tag, als Trelkovsky, geschminkt und verkleidet
als Frau, aufs Fensterbrett stieg und sich in das in Tausende Scherben zersplitternde Glasdach hinunterstürz-
te. Die beim Sturz verschobene Perücke verbarg die
Stirn und ein Auge, am hochgerutschten Kleid sah man
das rosarote Mieder, an dem die Nylonstrümpfe befe-
stigt waren. Sofort liefen die hellhörigen Nachbarn zusammen, lamentierend und verzweifelt gestikulierend,
die Vermieterin und der wohlbekannte, oft auf der
Treppe in Erscheinung getretene Herr Zy, Sanitäter eil-
ten, begleitet vom Arzt, mit einer Tragbahre herbei.
Aber da bewegte sich plötzlich der Totgesagte unter
den überraschten Augen der Krankenwärter, des Arz-

tes, der Polizisten und der Nachbarn. Die mit Blut verklebten Augenlider und der blutende Mund Trelkov-
skys öffneten sich: »Es ist kein Selbstmord ... Ich will
nicht sterben ... Es ist Mord ... Ich sage Ihnen, es ist
Mord ... Man hat mich gestoßen ... Ich bin nicht Simone Choule ... Ich habe mich nicht aus dem Fenster gestürzt!« Blutend erhob sich der Transvestit, schwankte
auf das Torgewölbe zu, bespritzte die zurückweichende
und den Weg freimachende Menge mit seinem Blut:
»Habe ich Sie beschmutzt? Verzeihung, es ist mein Blut,
wissen Sie! Sie hätten mir vorher mein Blut abnehmen
sollen, damit ich Sie nicht beschmutzen kann!« Schwan-
kend und vorsichtig, den einen Fuß nach dem anderen
aufsetzend, Stufe für Stufe, schleppte er sich die Stiege
hinauf. Wieder spuckte er haßerfüllt und verächtlich,
schlagartig trat die Menge zurück. »Tretet nicht näher,
oder ich besudle euch! Ich bin nicht Simone Choule ...
Ich habe mich nicht aus dem Fenster gestürzt ... Man
hat mich gestoßen.« In der ersten Etage angekommen,
spuckte er sich in die offene Hand und beschmierte die
Türklinke seiner Nachbarin mit Blut, ein Zahnstück
fällt ihm dabei aus dem Mund. Die Treppe zur zweiten
Etage nahm er auf allen vieren. Ein Nachbar hielt ihn
am Fuß fest, um ihn hinunterzuziehen. »Finger weg,
Mörder!« Trelkovsky spuckte dem Nachbarn ins Gesicht, der den Fuß des Transvestiten wieder losließ und
sich, angeekelt und sein Gesicht verziehend, Speichel
und Blut vom Gesicht wischte. »Wenn Sie damit in Be-
rührung kommen, werden Sie sich beschmutzen! Wer
liebt schon Blut! Was? Niemand? Ihr liebt sogar das
Blut des Herrn Jesus Christus, stimmt's? Warum wollt
ihr dann nicht das gute, das lebendige Blut von Trelkov-

sky? ... Ich bin nicht Simone Choule!« In der dritten
Etage angekommen, verfolgt von der zaghaft sich nach-
schiebenden und Zentimeter für Zentimeter sich zu-
sammenrottenden und auf die kommenden Ereignisse
harrenden Meute, schleppte sich Trelkovsky, einen langen Blutstreifen auf dem Boden hinter sich herziehend,
durch sein Wohnzimmer, zur Fensterbrüstung, stieg
aufs Fensterbrett und stürzte sich noch einmal zwischen
den waagrecht wegstehenden Haifischzähnen der
Scherben des Glasdaches auf den Hof hinunter. Kopf
hoch, Joe, zum Himmel, der Buntspecht mit den weißgefärbten Wangen und dem roten Genickfleck hat uns
noch immer im Auge, eine Sekunde bevor sein Kopf auf
die Scheibe stößt und der Specht, mit den gespreizten
abrutschenden spitzen gebogenen Krallen und mit der
Schnabelspitze quietschend über die Scheibe hinunter-
fährt am Fenster meines Arbeitszimmers mit dem großen schwarzen Schreibtisch und mit den schwarzen
Rolläden.

Die kursivierten Zitate stammen aus dem Fernsehspiel *He, Joe*
von Samuel Beckett.

DER TOD IST EIN SCHIFF, UND ICH BIN
SEIN WRACK

1.

»Der Zug fährt Richtung Göttingen. Das Geräusch auch.«, heißt es in einem Gedicht von Gerald Zschorsch. Das Flugzeug fliegt Richtung Osten, das Geräusch also auch, über die Türkei, über den Iran, Pakistan, nach Indien, und mit fliegen, als Gastgeschenk, mehrere Kilo Schwarzbrot, für die österreichische Botschafterin in Delhi, mit fliegt die Reiseliteratur von Annemarie Schwarzenbach, der Gedichtband *In Begleitung des Windes* von Abbas Kiarostami, und mit fliegen auch vierhundert Gedichte von Gerald Zschorsch, zusammengebunden und gesammelt in dem Band *Torhäuser des Glücks*.

2.

Als ich kürzlich – inzwischen zurückgekehrt aus Indien – meinen Sohn Kasimir in die Schule begleitete, der einmal in den ersten Schultagen an der Türschwelle seiner Klasse stehenblieb und sagte: »Ich möchte nicht in die Schule gehen, ich möchte Schriftsteller werden«, und ich, zwischen den Kindern sitzend, Gedichte von Gerald Zschorsch las, kam mir das handgeschriebene Plakat in den Sinn, das ich im Flur der Schule hängen sah, auf dem »Osterbasteln« stand. Weil ich zuerst das übergroße, sich von den anderen Buchstaben des Wor-

tes »Osterbasteln« deutlich abhebende und mit Palm-
kätzchen verzierte »O« übersah, buchstabierte ich statt
»Osterbasteln« in den ersten Schrecksekunden das
Wort »Sterbbasteln«, »Sterbebasteln«, dachte ich also
»Am Sterben basteln« für Kinder ab fünf Jahren im
Seelsorgezentrum Franz von Sales in der Waffen-
schmiedgasse in Klagenfurt, ehe ich dann, da es mir un-
heimlich geworden war, noch einmal auf das erste Wort
blickte und mich dann doch mit dem Wort »Osterbasteln« abfinden mußte. »Die Würde des Kindes ist aus
Papier. Buntpapier …«, steht im Gedicht »Container«
von Gerald Zschorsch, und im Seelsorgezentrum von
Franz von Sales in der Waffenschmiedgasse, in der das
»Sterben basteln« hätte stattfinden sollen, heißt es bei
Franz von Sales, und auch das las ich dieser Tage in dem
Gebetsbuch »Himmelsweg. Ein katholisches Gebet-
und Lehrbuch für Jünglinge«, im Kapitel »Belehrun-
gen«: »Zu eben der Zeit, wo du auf dem Tanzboden
warst, brannten viele Seelen im Feuer der Hölle wegen
der Sünden, die sie beim Tanzen oder aus Anlaß des
Tanzens begangen haben.«

3.

Weniger als zwei Wochen zuvor, es war noch in Delhi,
im Gästezimmer der österreichischen Botschaft am
Chandragupta Marg – das Schwarzbrot, das ich der
Botschafterin mitgebracht hatte, wurde eingefroren –,
schlich sich in mein Wahrnehmungsvermögen ebenfalls ein Fehler ein, als ich im Gedicht »Venedig« von
Gerald Zschorsch anstatt »Ihr aber modert in der Erde

dann …« beim ersten Hinblicken »Ihr aber *mordet* in der Erde dann …« las und mir Sekundenbruchteile später, im selben Augenlidaufschlag also, Zustaubzerfallene vorstellte, die als menschenseelenrodende Sichelschwinger nicht einmal mehr gegen die Schwerelosigkeit der Erde kämpfen mußten und, mit ihren Skeletten auf den Boden stampfend, immer wieder im Chor riefen: »Nimm endlich die Pfoten vom Engel weg!«, während – das war die vom Wort *mordet* ausgelöste Bilderfolge in meinem Kopf – also Luis Buñuel bei spiegelverkehrtem Sonnenaufgang mit einer Rasierklinge waagrecht das Auge von Papst Johannes Paul II. durchschnitt beim Zwischenruf von Gerald Zschorsch: »Augenblicklich sind die Kälberaugen knapp«, das Weiß des Auges hervorquoll und über die pausbäckig rote Wange des Heiligen Vaters rann im Gästezimmer der österreichischen Botschaft in Delhi am Chandragupta Marq, wo, wenige Meter von mir entfernt, in der Küche, das Schwarzbrot im Eisschrank zu erstarren begann.

4.

Zweimal, dreimal schickte mich die schöne stotternde Friseurin in Klagenfurt weg, da ich den am Vorabend vereinbarten Termin nicht genau eingehalten, mich fünf Minuten verspätet und in der Zwischenzeit ein junger Mann auf dem Sessel Platz genommen hatte und für einen weiteren der gepolsterte Friseursessel schon vor Tagen, als ich noch in Indien weilte, fernmündlich reserviert worden war, aber ich kam, die *Torhäuser des Glücks* von Gerald Zschorsch unter den Arm geklemmt, ganz hartnäckig wieder, setzte mich in einen tiefen orangefarbenen, mich an eine Ohrmuschel erinnernden Plastiksessel, horchte auf die schnippischen Geräusche der Haarscheren, las ein paar Gedichte, schaute auf die nassen, langsam von der Schulter des jungen Mannes rutschenden Haare, schaute neugierig und aufdringlich auf die ungeschminkten Gesichter von Frauen, die sich ihre Haare färben ließen, und fragte mich dabei immer wieder – die Frauen schämten sich, sie fühlten sich in ihren Badezimmern ertappt –, wie ich wohl einen Text schreiben würde zu den vierhundert Gedichten von Gerald Zschorsch, hatte auch schon Sorge, vor dem leeren Papier sitzenzubleiben mit der Füllfeder, bis mich der junge Mann von meinen Angstfantasien erlöste, sich noch die Haare eincremen ließ, schließlich aufstand, ich an die Reihe kam und der schönen, stotternden Friseurin schnell erzählte, daß ich erst vor ein paar Tagen aus Indien zurückgekehrt sei und daß ich mir, wie vor ein paar Jahren, in Varanasi am Ufer des Ganges auf einem Stein sitzend die Haare hätte schneiden lassen können, aber, sagte ich zur schönen, stotternden Friseurin, daß ich auf sie und auf ihre Haarschere gewartet hätte. Danke! sagte sie, I-Indien muß aber sch-schön sein! sagte sie. Ja, sagte ich, Sie haben recht, Indien *muß* schön sein! »Beim Haarelegen / öffnet sich eine / rasierte Achsel / und zeigt nachgewachsene, / dunkle Ansätze. / Die auch an der Kopfhaut schimmern«, heißt es in einem Gedicht von Gerald Zschorsch.

5.

Wiederum auf dem anderen Kontinent, in Jaipur, in Rajasthan, in einer der schönsten Städte Indiens, konnte ich, die Nacht in einem Vorzimmer auf einer Matratze auf dem Boden verbringend, lange nicht einschlafen, bog den Schwanenhals der Nachttischlampe zurecht, schlug wieder die *Torhäuser des Glücks* auf, als sich beim Lesen die Spieße eines Wortes ins Obszöne verdrehten und ich, statt »Der Duft der anderen Haut«, »Der *Fut* der anderen Haut« las, schließlich das Buch auf den Nachttisch legte, das Schwanenhalslicht löschte, aber noch einmal aufstand, das Licht im Vorzimmer zum Badezimmer anzündete, das die ganze Nacht über brennen sollte, denn ich hatte Angst im Stockdunkeln zu schlafen, mich schließlich hinlegte, aber nicht einschlafen konnte, eine halbe Stunde lang nicht, eine Stunde lang nicht, von der Matratze aufsprang, ins beleuchtete Vorzimmer lief, das zum Badezimmer führt, die Handinnenflächen aufs Gesicht drückte, wieder in den Schlafraum zurückeilte und einem Weinanfall nahe an der Zimmertür rüttelte, mir vorstellte, den Kopf und die Haare meines Sohnes Kasimir zu streicheln – Der Tod ist ein Schiff, und ich bin sein Wrack! –, und schließlich mit bloßen Füßen ins Freie auf den Balkon hinaustrat. Es war dunkel und still, nur ein paar Tiergeräusche, Grillen vielleicht, Sterne am Himmel über Jaipur, mein Zimmernachbar schlief wohl schon, der indische Chauffeur, der uns zwei Tage durch die Stadt kutschierte und uns von Delhi nach Jaipur brachte, schlief vielleicht auch schon in seinem Auto, es roch nach Rauch und nach einem Gewürz.»… und der Duft von Patschuli ist überall«, heißt es in einem Gedicht von Gerald Zschorsch, Masala Agarbatti, Rajdhani Agarbatti, Rajmukut Agarbatti, Patschuli Agarbatti. Ich stand mit bloßen Füßen auf dem Beton, hielt mich am eisernen Geländer fest, der erste Satz in *Die Nacht aus Blei* von Hans Henny Jahnn ging mir durch den Kopf: »Ich verlasse dich jetzt, du mußt alleine weitergehen. Du sollst die Stadt, die du nicht kennst, erforschen«, ging wieder ins Zimmer zurück, verriegelte die Tür, griff in meiner Verzweiflung und Angst auf dem Nachttisch zu einer Schachtel, die neben den *Torhäusern des Glücks* lag, drückte ein paar Johanniskrauttabletten aus der eingeschweißten Packung und spürte wenige Minuten später schon eine eigenartige, aber wohlige Wärme in Brust und Bauch und schlief ein, schlief die ganze Nacht über, erwachte zufrieden am Morgen, richtete mich auf und horchte nach Geräuschen – ist der Zimmernachbar schon auf? –, schaute auf den Nachttisch, wo der Fut der anderen Haut mit Spucke zwischen den Beinen lag, daneben die gelbgrüne Schachtel mit den nervenberuhigenden und angstdämpfenden Johanniskrauttabletten. Die Glühbirne im Vorzimmer zum Badezimmer brannte noch. »Das Hospital ist unterkellert …«, heißt es in einem Gedicht von Gerald Zschorsch. »Das Hospital ist unterkellert./Zum Heiligen Geist. Zur Jungfrau Marie./Hospitalismus ist Migräne: Erst lachen sie Tränen/dann weinen sie nie.« »Sobald du das heilige Kreuzzeichen gemacht hast und die Zeit zum Aufstehen da ist, stehe ohne Zaudern auf, kleide dich sittsam unter Gebet an und bedenke, daß das Auge Gottes dich sieht und dein heiliger Schutzengel zugegen ist.« Heißt

es im katholischen Gebet- und Lehrbuch für Jünglinge
»Himmelsweg«.

6.

Wieder auf dem anderen Kontinent, diesmal nicht im
Klassenzimmer der Schule meines Sohnes, sondern im
Flur derselben Schule auf einem Diwan sitzend und in
Torhäuser des Glücks einen von Gerald Zschorsch zi-
tierten Volksreim lesend: »Ich sah einen Sarg tot auf der
Straße liegen«, kam mir die Mutter eines Schulfreundes
von Kasimir in den Sinn, der ich nach meiner Rückkehr
aus Indien noch vor der schönen, stotternden Friseurin
begegnet war und, bevor sie mit der Klage über ihre
Mitarbeiter in der Kärntner Landesimmobiliengesell-
schaft beginnen konnte, die Worte aus dem Mund nahm
und fragte: »Wie geht es den Bestattern? Seit wann
reden denn Bestatter überhaupt miteinander?«, und in
diesem Moment sah ich die männlichen Leichenkleider-
hakenträger gemeinsam mit ihren verflixten Totengrä-
berinnen, die ihre Geschlechtsteile mit karwochen-
violettem Lippenstift bemalt hatten, die Himmelsleiter
emporsteigen, die aus unzähligen übereinandergesta-
pelten Holzsargdeckeln bestand, mit leeren hölzernen
Kleiderhaken in ihren putzigen Computertastatur-
händchen hoch und höher steigen, mit ihren Totenstök-
kelschuhen bei jedem einzelnen Sargdeckel, der ihnen
als Stufe ihrer goldigen Leiter dient, einbrechen und
durchkrachen durch die Sargdeckel, wie sie auf dem
Knochengerüst ihrer Karriereleiter zwei Schritte vor
und einen zurück mit der Kirche ums Kreuz gehen,
denn sie brauchen drei Särge, um in einem leben zu

können – bei den Worten »Ich sah einen Sarg tot auf der Straße liegen«, dem Volksreim, den ich im Vorzimmer zum Klassenzimmer las, den Gerald Zschorsch als Motto für seinen Gedichtzyklus »Sturmtruppen« verwendet hatte.

7.

Am Assi Ghat in Varanasi ging ich mit einem Plastiksack voller Kleider die Stiege des Hotels Ganges View hinunter und legte das Paket neben den auf dem Erdboden schlafenden, mit Fetzen zugedeckten Leprakranken, fühlte mich aber einen Moment lang von drei auf der anderen Seite des Weges stehenden Männern beobachtet, ging dann, die drei aus dem Augenwinkel und aus dem Sinn verlierend, mit *Torhäuser des Glücks* unter dem linken Arm weiter, am Friseur vorbei, der in der Dunkelheit auf dem Stein hockte und noch auf Kunden wartete, die unasphaltierte, muldige Straße entlang, ehe ich die Assi Road hinauf zur Büglerfamilie kam, wo ich über eine Stunde lang saß, abwechselnd in *Torhäuser des Glücks* blätterte und dem Mädchen beim Bügeln zuschaute, der Tochter des Hauses, die siebzehn und bereits schwanger war und die mir auf hindi zu verstehen gab, daß sie in diesem Sommer, im kommenden Juni, heiraten werde, hier am Assi Ghat, am Ufer des Ganges, und dabei mit dem fünf Kilo schweren Holzkohlebügeleisen auf Ärmel und Brust meiner Hemden drückte und preßte, und als ich – es war inzwischen stockfinster – wieder die asphaltierte Assi Road hinunter und die unasphaltierte Straße, die mich zum Hotel Ganges View führte, entlang bei dem schlafenden Leprakranken vorbeiging, wurde mir deutlich, was mir auf dem Hinweg zur Büglerfamilie unheimlich erschienen war im Augenwinkel, in dem sich drei Punkte einnisteten für ein paar unscheinbare Sekunden nur. Das Kleiderbündel war weg. Hatten die Armen den Allerärmsten bestohlen? fragte ich mich im Hotelzimmer, im Bett sitzend und in *Torhäuser des Glücks* lesend, wo es im Gedichtzyklus »Stadthunde« heißt: »Da wird gelebt./Da wird verreckt./Da. Sind die Nadeln der Bäume die Rippen der Luft.«

8.

Einen Tag vor der Abreise aus Indien – das Schwarzbrot ist längst hart gefroren – verlasse ich das Gästezimmer der österreichischen Botschaft, gehe um die Ecke, auf die andere Seite der Botschaftsmauer, in ein Armenviertel, wo von mehreren Frauen und Männern mit bloßen Händen der Müll sortiert wird, Plastik in den einen, Papier in einen anderen und in einen dritten, großen Sack die verschiedensten Eisen- und Stahlteile. Auf einem Hügel, wenige Schritte vom Müllager entfernt, hockten in der Dämmerung bereits die Familien um ihre Feuerstellen. Immer wieder schob eine junge Frau trockene Sträucher in ein kleines Erdloch nach, in dem das Feuer brannte, preßte und zerrieb Chilischoten zwischen zwei Steinen, goß Wasser dazu, bis eine Chilipaste daraus entstand, zerschnitt Zwiebeln und Knoblauch, wälzte mit einem langstieligen Holzlöffel zehn, fünfzehn kleine Fische im Kochtopf hin und her, warf die Gewürze zu den im Öl brutzelnden Fischen, deutete auf den Inhalt des eingebeulten silbrigen Topfes und sagte »Matschli!« – *Matschli* heißt auf hindi *Fisch* – und schüttelte, den Topf immer wieder hin und her schwenkend, Fisch, Chilipaste, Knoblauch und Zwiebel durcheinander und streute Kräuter darüber. Als die Familie zu essen begann, näherte ich mich einer anderen, nur mehr rauchenden Feuerstelle, die von der ganzen Familie umringt war, und sah, daß ein Mädchen zwanzig, dreißig bloße gelbe Hühnerkrallen aus einem Plastiksäckchen nahm und in die heiße Asche hineinlegte, sie nach einiger Zeit wieder herausholte und mit den Fingern die angebrannte gelbe Haut von den Krallen abschälte. »Der Herr brach das Brot. / Das Brot brach den Herrn«, heißt es in einem Gedicht von Paul Celan. Und im Gedichtband *In Begleitung des Windes* von Abbas Kiarostami, mit dem ich wieder zurückflog von Delhi nach Frankfurt, steht: »Die Forellen / Ahnen nicht wo der Fluß hin will / Sie begleiten ihn / Bis zum Salzwasser.« Zurückgelassen habe ich in Delhi, im Frühstückszimmer der österreichischen Botschaft am Chandragupta Marq, die *Torhäuser des Glücks*, wenige Meter vom steinhart gefrorenen Schwarzbrot entfernt.

KNOCHENSTILLEBEN AUF DEM ASPHALT
MIT OVOMALTINE

>»Das Sofa, ausgesessen und verwaist wie es ist,
wird ein richtiges Nest, wenn man liest – was
liest? Abenteuer … Nur das Schuldgefühl im
Magen erinnert in Abständen an den Gewehr-
lauf der Lage, der einen in Schach hält, aber
sich bald wieder vergißt. Und so ist es doppelt
aufregend, sich in das Buch zu versenken, damit ein Weg sich ausrolle, auf dem die Phan-
tasie hinausklettern und sich hinausschlängeln
kann.«

> *Paul Nizon: ›Im Haus enden die Geschichten‹*

I.

Wenige Tage vor Allerheiligen des Jahres 2007 waren
wir mit einem Filmteam unterwegs nach Mexiko, zum
Día de los muertos, einem der wichtigsten mexikanischen Feiertage, an dem in Mexiko in besonderen Riten
der Toten gedacht wird, die vierjährige Siri und der
zwölfjährige Kasimir waren auch dabei. Dieser Tag der
Toten wurde im Jahre 2003 von der Unesco in die Liste
der, wie es heißt, »Meisterwerke des mündlichen und
immateriellen Erbes der Menschheit« aufgenommen.
Wir flogen von Wien nach Atlanta und von Atlanta
nach Mexiko City. In meiner hellbraunen, ledernen
Umhängetasche hatte ich den Prosaband *Im Haus enden die Geschichten* von Paul Nizon und den Roman

Die schlafenden Schönen des japanischen Literaturno-
belpreisträgers Yasunari Kawabata, den ich von Wien
nach Atlanta las und in dem ein besonderes Freuden-
haus geschildert wird, in dem junge Frauen künstlich in
Tiefschlaf versetzt werden, eingeschläferte Sklavinnen
also, denen sich in der Nacht als Freier ältere Männer
nähern. Ein Mann hatte die Hoffnung, neben einem der
eingeschläferten Mädchen selber für immer einzuschla-
fen. »Ihm schien«, schreibt Yasunari Kawabata, »es
wäre da etwas Schmerzliches an einem jungen Mäd-
chenleib, genug, um Greisenherzen in den Tod zu lok-
ken.« Als wir in Atlanta auf den Weiterflug gewartet
und in den vom Zigarettenrauch vernebelten Lokalen
in der Nähe unseres Gates Hunderte grauweiß ge-
scheckt uniformierte amerikanische Soldaten gesehen
hatten, die biertrinkend auf überdimensionalgroße Bild-
schirme starrten und miteiferten mit dem hysterischen
Stadionpublikum und den Footballspielern, und schließlich nach Mexiko City weiterflogen, zog ich, nachdem
ich *Die schlafenden Schönen* von Yasunari Kawabata
gelesen hatte, den Prosaband *Im Haus enden die Geschichten* von Paul Nizon aus meiner ledernen Umhängetasche und las: »Der Asphalt ist der Spiegel des
Tages./Der Asphalt kann bleiern sein. Blind und blei-
schwer. Dann klebt der ganze Tag am Asphalt, dann ist
es zum Heulen. Ein Lahmliegen, soweit man schaut.
Wo sind jetzt alle? Daß doch etwas geschähe, etwas
Tumultuöses am besten. Doch der Spiegel des Asphalts
bleibt tot./Aber am Morgen –«

Aber am Morgen, am Morgen des 15. Oktober 2007,
wenige Tage also vor unserer Abreise nach Mexiko,

zum Día de los muertos, wurde in Klagenfurt an einer
Kreuzung, die seit einem Dreivierteljahr eine Baustelle
und nur ein paar hundert Quadratmeter groß ist, ein bei
Grün über den Zebrastreifen gehender neunjähriger
Junge von einem Lastwagen überfahren und getötet.
Um das neue Fußballstadion schneller fertigstellen zu
können, in dem im Juni 2008 in Klagenfurt drei Euro-
pameisterschaftsspiele stattfinden, also viereinhalb
Stunden Fußball gespielt werden soll, wurde von dieser
Kreuzung, an der sich der tödliche Unfall ereignete, immer wieder Personal zu Arbeiten ins Fußballstadion
abgezogen. Dieser kleine Junge, der neunjährige Lorenz, ist der erste Tote der Fußballeuropameisterschaft,
die in Österreich und in der Schweiz ausgetragen wird.
Weinend hat der Vater vor seinem auf der Straße liegenden toten Kind gekniet, hat seine schneeweiße Hand
gestreichelt und geschrien: »Sie haben meinen einzigen
Sohn überfahren!« Vom Omnibus aus, der im Verkehr
ins Stocken geraten war, sahen Schulkinder den sterbenden, noch zappelnden Jungen auf dem Asphalt liegen mit dem vom Speichel verklebten Ovomaltinepulver in den Mundwinkeln, wie ich es mir jetzt beim
Schreiben vorstelle. Ein Arzt, der schnell zur Stelle war,
konnte nur mehr den Tod des Jungen feststellen, dessen
Kopf sich vergrößert haben und dessen Haut schnee-
weiß geworden sein soll, die Worte »unnatürlich weiß«
und »unnatürlich vergrößert« haben Augenzeugen gebraucht. Der TOD war also *eingetreten* in den Jungen,
im Sinne des Wortes, dem wahrsten. Der Leichenwagen
blieb im Stau stecken. In dem für die Bevölkerung völlig überraschenden Aufgrabungs-, Bau und Asphaltie-
rungswahn der Fußballeuropameisterschaft gab es auf

den Straßen unzählige Hindernisse und Verkehrstafeln, die einem auf Schritt und Tritt begegneten, und so haben die verantwortlichen Straßenbauer, die Sensenmänner von Klagenfurt, schließlich den Tod buchstäblich aus dem Asphalt gestampft, er mußte kommen, und ein Kind mußte dran glauben. Über eine Stunde lang soll der tote Junge auf dem Asphalt gelegen haben, bis er in einen provisorischen grauen Zinnsarg gebettet wurde. »Der Asphalt ist der Spiegel des Tages«, schreibt Paul Nizon. Und der Asphalt, der Spiegel des Tages, wurde durch dieses Unglück zum Spiegel des Jahres. »Die Straße schreit, und die Straße hallt von den Schreien. Und wir an den Fenstern, gebannt, uns ängstigend, werden erreicht vom Schrei«, steht im Prosaband *Im Haus enden die Geschichten* von Paul Nizon.

Nach diesem Unglück, sagte Christina, die neben der vierjährigen Siri ebenfalls im Flugzeug von Atlanta nach Mexiko City gesessen hatte, zu mir, als wir, wieder zurückgekehrt aus Mexiko, in Klagenfurt an der Unfallstelle vor dem Lichtermeer der Kerzen standen, warst du eine Woche lang unansprechbar. Als Gespenst, als Scherenschnitt, als »Papel Picado«, als Schnittmuster mit Scherenschnittotenkopf und Scherenschnittskelett, das am Día de los muertos von den Mexikanern als Dekoration für ihren Allerheiligenaltar verwendet wird, der mit orangefarbenen Tagetesblumen, mit dem »Pan de muertos«, dem Totenbrot, einem runden Hefebrot mit Anis, mit Obst und Gemüse, Zuckertotenköpfen und Schokoladetotenköpfen geschmückt ist, als Knochenstilleben und als Schatten meiner selbst irrte ich durch die Seidenpapierlöcher der gelben, orangefarbe-

nen, violetten und grünen Scherenschnittmuster in der
Wohnung umher, die verhängt war mit dem »Papel Picado« der Scherenschnittotenköpfe, und durch die Stadt
Klagenfurt, die verhängt war mit den »Papel Picado«
der Scherenschnittskelette, und immer wieder zur Stelle
auf dem Asphalt, zum Spiegel des Tages hin, der zum
Spiegel des Jahres geworden war, wo der Junge verunglückt ist und wo ich über 80 Kerzen gezählt habe,
manche brennen heute noch Tag und Nacht. Ein farbi-
ges, in Plastik verpacktes großes Brustbild des Jungen
lehnt an einer großen Grabkerze, auf die ein geflügelter
Engelskopf draufgeklebt ist. Noch in Plastik einge-
schweißtes Kinderspielzeug liegt zwischen den Kerzen,
ein kleiner brauner Teddybär liegt auf dem Bauch in der
Regenlache, keiner wird ihn umdrehen, den Teddybär,
und auf den Rücken legen, auch ich habe ihn nicht umgedreht, als ich davorstand, ich hatte Angst vor seinem
nassen, kalten Bauch und vor seinem nassen, kalten Gesicht mit den Knopfaugen und den Pausbacken. Und
wann werden sie der Müllabfuhr den Auftrag geben,
die weißen und roten Kerzenbehälter mit den Schutz-
engelsköpfen wegzuräumen, wann werden die erlo-
schenen Lichter hineinkollern – wie fette, feuchte Erd-
klumpen in ein offenes Grab – in den orangefarbenen
Müllwagen, frage ich mich jeden Tag und jede Nacht,
wenn ich schweißgebadet aufwache und mit Herzklop-
fen die Todeszuckungen des sterbenden Kindes auf dem
Asphalt als dem pechschwarzen Spiegel der Nacht vor
mir sehe. »Und schulfrei ist. Wir haben wegen Todesfall
schulfrei bekommen. Noch nie hatten wir so bedin-
gungslos frei. Wir wissen nichts anzufangen. In unserer
Freiheit sitzen wir wie in der Falle ... Und jetzt teilt sich

die Leere ungewohnt mit. Und in der Leere die neue Lage: schulfrei wegen Todesfall ...«, lese ich im Flugzeug von Atlanta nach Mexiko City in der Prosa *Im Haus enden die Geschichten* von Paul Nizon. Und heute habe ich schulfrei, heute bin ich tödlich verunglückt! sagt der Asphalt als Spiegel der Nacht. Und zum Frühstück kein in der schaumigen Milchtasse sich auflösendes klebriges Ovomaltinepulver mehr.

2.

Im kleinen mexikanischen Dorf Xoxo, auf einem Armenfriedhof, in dessen Mitte, gestützt von Holz- und Eisenbalken, die Ruinen einer Kirche stehen und auf dem die Friedhofsbesucher mit Stangen und Stecken in den Gräbern der Verwandten stocherten, um die Geister ihrer Toten aufzustöbern und aufzuwecken für das Allerheiligen- und Allerseelenfest, um mit ihnen zu feiern, ging ich mit meiner ledernen Umhängetasche, in der das Bücherpaar *Im Haus enden die Geschichten* und *Die schlafenden Schönen* lag, in einen Lebensmittelladen, um Getränke zu kaufen für die Kinder auf dem Friedhof. »Einer«, schreibt Yasunari Kawabata, »fühlt sich nur dann wirklich lebendig, wenn er neben einem eingeschläferten Mädchen liegt. Wahrscheinlich gab es Greise, die so ein Mädchen rücksichtslos und überall liebkosten, und andere wieder, die schluchzend sich selber bejammerten.« Und »freilich, wenn ein alter Mann«, schreibt Yasunari Kawabata, »so die Hände eines schlafenden Mädchens berührt, ist das nichts anderes als ein Ausdruck der Trauer«. Die Regale eines

Lebensmittelladens in Xoxo entlanggehend und nach Getränken suchend, zuckte ich zusammen, als ich mehrere in Augenhöhe übereinandergestapelte orangefarbene Ovomaltineschachteln sah, die mich sofort an die Passage in der Geschichte »Ein langes Sterben oder Das Frühstück« erinnerten im Prosaband *Im Haus enden die Geschichten* von Paul Nizon, die ich im Flugzeug von Atlanta nach Mexiko City las, in der sich die sterbende Großmutter das letzte Mal aufbäumte, »hoch und jetzt womöglich noch höher«, wie es heißt, und schließlich tot, als »Knochenstilleben« zu einem Kind zusammengesunken, in ihren Decken und Kissen liegt: »Wir haben erst gar keine Empfindung. Wir möchten uns nicht erheben. Widerwillig treten wir aus dem Bann. Wir sind lichtscheu draußen. Oder überhell. Wir wollen nicht auseinander. Wir sind Hinterbliebene. Wir sind Überlebende. Wir wollen nicht reden. Wir wollen frühstücken. Wir wollen Ovomaltine holen.« Mit mehreren Getränkeflaschen den Lebensmittelladen verlassend, mich immer wieder, solange ich Einblick in die engen Gassen der Regale habe, nach der Ovomaltine umschauend und mir den an den Rändern verzuckerten orangefarbenen Plastikdeckel vorstellend, den wir mit Kinderhand auf die runde Öffnung der zylinderförmigen und orangefarbenen Ovomaltinedose drückten, ging ich in der Finsternis wieder zurück auf den Friedhof, zu den die Geister ihrer Toten mit Stecken und Stäben in den Gräbern aufstöbernden Frauen und Männern. Hunderte kleine, aber auch einen halben Meter große gelbe Wachskerzen brannten auf den Gräbern, die über und über mit Astern, Lilien, aber vor allem mit den Totenblumen geschmückt waren, den orangegelben

Tagetes und den weinroten, hartbuschigen Blüten der Hühnerkopfblumen, fünf, zehn steife, sich eng aneinanderpressende Hahnenkämme auf einer Blüte. Larven und Masken mit Teufels- und Dämonenfratzen tragende Kinder liefen mit Plastiktotenköpfen, in denen Pesos lagen, zwischen den Gräbern zu den Friedhofsbesuchern und schepperten mit den Totenköpfen. Im Gemäuer der Ruinen und zwischen den aufgestöberten und inzwischen längst durch die Scherenschnittmusterlöcher des »Papel Picado« herumirrenden und herumschwirrenden Geistern der Toten hörte man die Flügelschläge der Fledermäuse, das Zirpen der Grillen, manchmal auch zaghaft die Töne einer Ziehharmonikamusik von draußen. Es roch nach den brennenden Wachskerzen und nach dem strengen Duft der gelborangen Tagetesblumen. In dieser Nacht zum ersten November wird die Ankunft der verstorbenen Kinder erwartet, der Angelitos, der kleinen Engel. Der zwölfjährige Kasimir ging, beobachtet von der Filmkamera, mit einer aus feinen Drähten und Seidenpapier zusammengebastelten, an einem langen Holzstab befestigten Totenkopflaterne, in der eine Kerze brannte, zwischen den Gräbern umher. Als man einen kleinen, eine Totenmaske tragenden Jungen, der einen schwarzen Anzug mit weißaufgemaltem Totenskelett trug, für eine Rolle vor der Kamera bat, sagte er: »Noch nie in meinem Leben haben sie mich für einen Film gebraucht, das ist meine allererste Szene!« Und als die vierjährige Siri diesen kleinen Jungen mit dem Skelettanzug und mit der Totenkopfmaske sah, rief sie: »Wie heißt er? Wie heißt der Tote?« Und dann waren sie auch schon wieder da, die Todeszuckungen des überfahrenen Jungen in Klagenfurt und der vor seinem toten Kind auf dem Asphalt, der zum schwarzen Spiegel des Jahres wurde, kniende, laut schreiende und schließlich nur mehr wimmernde Vater, dem man durch die Bekleidung hindurch eine Beruhigungsspritze gegeben hatte. Vor dem Friedhofs-eingang in Xoxo hielt eine Frau mehrere kleine Plastik-totenköpfe in ihren Händen, die immer abwechselnd in fünf, sechs Farben aufblinkend ihre eigenen Schädel be-leuchteten. Die die farbig blinkenden Plastiktotenschä-del den Passanten anbietende Frau rief: »Se ve, se siente, la muerte está presente! Viva la muerte!« Wenige Meter neben ihr stand auf dem Asphalt als Stilleben des Abends eine mit Kalk und Mörtel bespritzte, an den Rändern verbogene Schubkarre, die überladen war mit grüngelben Limonen, an denen noch massenweise die grünen Blätter hingen. »Es ist ein langer bröselnder (Trauer-)Zug«, steht in Paul Nizons *Im Haus enden die Geschichten.* »Aber wie gut passen die Friedhofswege, um diesen Zug aufzunehmen, zu verschlucken und in den grünen Frieden ihres Laubs zu schließen. Beson-ders geschaffen dazu ist die breite Ahornallee. Die ge-fleckten Stämme und blanken scharfgeschnittenen Blät-ter spielen Licht und Schatten auf dem bläßlich hellen Band der triumphalen Straße.«

3.

Noch am Día des los muertos, in derselben Nacht des Totenfestes in Xoxo, bevor um Mitternacht die aufge-stöberten Geister der Toten wieder ins Jenseits zurück-kehrten, fuhren wir weiter nach Puebla, wo wir am nächsten Vormittag in einer kleinen, versteckt in einem Hinterhof befindlichen Bäckerei bei der manuellen Herstellung der Zuckertotenköpfe zuschauten, mit Formen, die der Bäcker von seinem Großvater geerbt hatte, dem Zuckertotenkopfbäcker von Puebla, und wo wir eine Schachtel mit verschieden großen und kleinen Zuckertotenköpfen kauften, die Calaveras de azucar. Am selben Nachmittag fuhren wir weiter nach Mexiko City, übernachteten noch einmal im Gran Hotel Ciudad de Mexico, dem ersten Jugendstilbau in Mexiko, in dem wir die größte und farbenprächtigste Tiffanykuppel der Welt sahen und wo Sergej Eisenstein gewohnt, als er den Film »Que viva Mexico!« gedreht hatte. Vom sechsten Stockwerk des Hotels schauten wir auf einen der größten städtischen Plätze, den Zocalo, auf dem gerade, unmittelbar vor der Kathedrale, ein schrilles Volksfest im Gang war mit Abertausenden Menschen und wo unmittelbar unter uns, auf einer Bühne mit künstlichem Rauch, über und über geschmückte Indianer ekstatisch tanzten.

Wiederum Tags darauf flogen wir von Mexiko City nach Houston in Texas, weiter nach Paris und von dort schließlich nach Wien, das Bücherpaar *Im Haus enden die Geschichten* und *Die schlafenden Schönen* zerlesen und zerknautscht immer noch in meiner ledernen Umhängetasche. Die große Schachtel mit den Zuckertotenköpfen mußte ich das erste Mal in Mexiko City einchekken, dann noch einmal in Houston, von wo die Zuckertotenköpfe im selben Flugzeug der Air France, in dem auch wir saßen, nach Paris geflogen, in Paris wiederum umgepackt wurden. Schließlich tauchte am Flughafen in Wien die verschnürte braune Schachtel, in der abgepolstert und geschützt von Styropormus die mexikanischen Zuckertotenköpfe übereinandergeschlichtet waren, bei der Gepäckausgabe auf dem schwarzen, ununterbrochen kreisenden Förderband mit den breiten Plastiklamellen auf. Noch in der Vorweihnachtszeit werden die Kinder vor laufender Filmkamera die Zuckertotenköpfe auspacken in unserem Wohnzimmer, kaum hundert Meter oder, um es so zu sagen, einen Zuckertotenkopfwurf entfernt von der Stelle, wo der neunjährige Lorenz auf dem Asphalt überfahren worden und gestorben ist.

4.

Mit den Eltern in Klagenfurt am Annabichler Friedhof, wo auch Ingeborg Bachmann begraben ist, vor dem Grabhügel von Lorenz stehend, erzählte mir der Vater, daß er damals in der Unglücksstunde bereits auf dem Weg zur Schule war, um seinem Sohn, der sich verspätet hatte, entgegenzugehen, als er an der Kreuzung Rettung und Feuerwehr sah, der Verkehr stockte, er weitergehen und die Straße überqueren wollte, aber inmitten der Straße des Sohnes Schultasche liegen sah. Ein regennasser Stoffhase mit schlaff hinunterhängenden Ohren liegt auf der Spitze und auf dem Querbalken des Holzkreuzes, auf dem ein gelbes Lindt-Schokoladeosterküken steht. Neben einem blauen Fußball mit dem Aufdruck »UEFA, Euro 2008, Austria/Switzerland« liegen eingebettet in die Erde die Abziehbilder mehrerer Fußballstars auf dem Grabhügel, eine Seifenblasenphiole, ein rotes, dickes Stoffherz, und ein Margeritenbäumchen ist eingepflanzt in der Grabhügelmitte zwischen weißen Fleischblumen. Abwechselnd auf den Fußball und auf den großen, vor dem Kindergrab stehenden Gipsengel schauend, der eine Taube in den Händen hält – die Fingerspitzen des Engels sind rußig –, kam mir wieder der fünfzehnjährige Pino Lo Scrudato aus Caltanissetta in Sizilien in den Sinn, der von seinem Vater mit einem Hackbeil erschlagen wurde, weil er, anstatt auf die zehn Kühe aufzupassen, in ihrem abseits gelegenen Bauernhaus, in dem es weder Strom noch Fließwasser gab, einen Fernsehapparat an die Traktorbatterie angeschlossen und sich das Fußballspiel Italien gegen Irland angeschaut hatte. Fürchterlich entstellt soll der Junge vor dem Fernsehapparat zusammengebrochen sein. Und wieder fuhr in meinem Heimatdorf Kamering ein zwölfjähriger Junge mit seinem Fahrrad über einen Hügel hinunter, an einer meterhohen Mauer vorbei, auf eine an die Mauer angrenzende, uneinsehbare Straße hinaus, als in diesem Augenblick ein Auto die Landstraße entlangfuhr, das Kind erfaßte und tötete. Bereits sein Vater, ein Elektrizitätsarbeiter, war durch einen Stromstoß zu Tode gekommen, als er auf einen zwanzig Meter hohen Leitungsmast stieg. Dreizehn Jahre alt war ich, als ich beim Kaufmann erfuhr, daß unweit vom Elektrizitätswerk Kamering ein Kind überfahren und getötet worden ist. »Sie haben ein Kind zusammengeführt!« sagte ich zu meiner in der Küche einen Teig knetenden und »Um Gottes willen! Um Gottes willen« jammernden Mutter, die zuerst entsetzt ihre Hände auf den Rand der Schüssel stützte, danach ein Messer in die Hand nahm und den an ihren Fingern klebenden Teig abschabte. Ich lief die Straße entlang, beim Naschenweng vorbei, wo ich in der immer sauberen Küche jeden Samstag beim Kirchenblätteraustragen die Kunststoffbananen bewunderte, den Hügel hinunter, am Elektrizitätswerk vorbei, auf eine Menschenmenge zu, stellte mich auf Zehenspitzen, blickte über die Schulter eines Neugierigen auf einen großen braunen Bogen Packpapier, auf ein Paar nackte, unter dem Papier herausschauende Kinderfüße. Der Vater hob das Kind, auf dem immer noch das Packpapier lag, in die Höhe und trug es, langsam über das Feld gehend, aufs Elternhaus zu. Die Gummihosenleiter des toten Kindes pendelte federnd auf den Boden hinunter. Der fünfjährige Helmut Schiestl hatte sich am Straßenrand, unweit vom Elektrizitätswerk, von der Hand seiner Großmutter losgerissen und war über die Straße in ein Auto hineingelaufen.

Am allerliebsten, erzählte der Vater von Lorenz, während wir am Annabichler Friedhof vor dem Grab standen, habe Lorenz, der sich schon auf die Fußball-Europameisterschaft gefreut hatte, die Lieder von Heintje gehört und nachgesungen: »Mama«, »Du sollst nicht weinen« und »Das Lied der Taube«. Genau einen Tag vor Beginn der Fußball-Europameisterschaft hatte man am Austragungsort Klagenfurt, an der Stelle, an der Lorenz auf einem Zebrastreifen von einem Lastwagen überfahren und getötet wurde, alle Andachtskerzen weggeräumt, keine einzige hatte man stehenlassen. »Der Tod zappelt wie die Geburt!« heißt eine sprichwörtliche Redensart. Und: »Die weiß gepuderten Straßen«, steht in der Prosa *Im Haus enden die Geschichten* von Paul Nizon. »Die Luft ist rein und im Begriff, sich zu erwärmen. Sie streicht am Haus hin, umspielt Balkone und die Skulpierung der Fenster; wäscht die Scheiben. Sie trödelt auf den Trottoiren und schwimmt über Asphalt, zieht Düfte ein, mischt Staub und Gewürze. Die Straßen sind frei …«

GÄNSEHAUT HINTER DEM HOCHALTAR
VOR DEN AUSGEHÖHLTEN GOLDENEN
SCHUTZENGELN

>»Die Fahrten gehen zu Ende,/der Fahrwind
bleibt aus./Es fällt dir in die Hände/Ein leich-
tes Kartenhaus.« *Ingeborg Bachmann: ›Bleib‹*

»... während ich mich in mein Zimmer zurück-
zog und versuchte, in dem ich schrieb, meine
sexuellen Begierden auszulöschen. Wie viele
Bücher sind aus sexuellem Hunger entstanden?
Sogar solche, die höchst sittsam und tadellos
wirken, haben keinen anderen Ursprung, aber
er ist zu bescheiden, als daß sie eine so ›niedrige
Herkunft‹ zuzugeben wagen.«
Julien Green: ›Jugend‹

Nachdem mein Vater, der Enzn-Bauer, im Gasthaus
zum einzigen Telefon des Dorfes gerufen worden und
wieder, eilig über den Hügel kommend, auf seinen Bauernhof zurückgekehrt war, breitete er, die Küchentür
weit öffnend, mit eingefallenen Wangen, geröteten Augenlidern, verweinten, glasigen, aber auch erschrocken
aufgerissenen Augen, entsetzt seine Arme auseinander
und rief: Die Tant Mitze is gstorbn! Sie ist in der Konditorei umgefallen. Herzinfarkt! Die dicke Tant Mitze,
die Konditormeisterin und Besitzerin der Konditorei
Rabitsch am Neuen Platz in Klagenfurt, starb zwei Tage
vor dem Heiligen Abend, wenige Tage nachdem sie uns
Süßigkeiten für den Christbaum auf den Bauernhof ge-

schickt hatte. Jahre zuvor, in einem Sommer, als der Großvater noch lebte, brachte sie mit ihrem Mann, dem Onkel Hans, uns Kindern in einer Kühlhaltebox das erste Speiseeis unseres Lebens und schickte in einem Geschenkpaket orangefarbene schmale, längliche Dosen von Zanulli, in denen Himbeerbonbons aneinanderpickten, Dosen, in die später, als die Süßigkeiten vernascht waren, zwischen den Zähnen der Kinder wie aufeinanderfallende Eiswürfel geklirrt hatten, die Mutter verschiedenfärbige Stopfwolle hineinsteckte und hineindrückte. Aus den überraschend im Laufe des Jahres auftauchenden Geschenkpaketen des Konditorehepaars aus Klagenfurt lernten wir auch die schmalen, kleinen, scharfkantigen Fischdosen kennen mit den salzigen, in Olivenöl eingelegten roten Sardellen, mit denen im Mund wir zur Tür hinausliefen, ausspuckten, aber uns neuerlich reizen ließen von diesen seltsamen und uns bis dahin vollkommen unbekannten Fischen. Nach dem Tod der Tant Mitze, nachdem sie zum Entsetzen der Melange trinkenden Gäste heftig schnaufend, die Hände auf die Brust gelegt, den Kopf erhoben, hinter der Konditoreitheke umgefallen und auf der Stelle tot gewesen war, verfiel ihr Mann, der Onkel Hans, der nach dem Tod seiner Frau so betrunken war, daß er nicht einmal zu ihrem Begräbnis auf den Annabichler Friedhof gehen konnte, vollkommen dem Alkohol. Er ließ sich im Schlafanzug mit einer Weinflasche am Neuen Platz blicken und beschimpfte den Lindwurm, das Falschzeichen der Landeshauptstadt Klagenfurt. Einmal soll er dem Lindwurm eine Doppelliterflasche Rotwein an den Schädel geworfen und sich dabei an den wegspritzenden Scherben im Gesicht verletzt haben.

Im Unfallkrankenhaus mußten die Wunden genäht werden. Er starb vereinsamt, am Alten Platz Nummer zehn, im ersten Stockwerk, unmittelbar über der Konditorei, die er nach dem plötzlichen Tod seiner Frau verpachtet hatte. Da das Ehepaar keine Kinder hatte und mein Vater den Nachlaß erbte, fiel des Onkels einziges Schmuckstück, das er in seiner muffigen und finsteren Wohnung hatte, der Schreibtisch, ein Sekretär aus den dreißiger Jahren, den der Vater mit Traktor und Anhänger von Klagenfurt ins sechzig Kilometer entfernte Dorf Kamering gebracht hatte, mir zu. – »Du kannst über mich schreiben, was du willst, wenn es nur dir hilft, aber laß die erhängten Buben in Ruh! Laß die Selbstmörder in Frieden!« – Damals war mein Vater fast 80 Jahre alt. Im Alter von 95 Jahren kaufte er sich noch einmal einen Traktor, mit dem er im Dorf und in der Umgebung des Dorfes die folgenden zwei Jahre spazierenfuhr. Inzwischen steht dieser Schreibtisch wieder in Klagenfurt, in meinem Arbeitszimmer, unweit vom Neuen Platz, wo der Lindwurm steht, dessen Schädel, vor langer Zeit schon, mehrere Tage nach Rotwein roch, bis er vom Regen wieder gesäubert wurde. Inzwischen ist aber auch mein Vater tot, er starb im Alter von 99 Jahren, an einem Tag, als ich in Japan in einem Auto saß, das uns, vorbei an rauchenden Vulkanen, von Tokyo in die Berge von Nagano brachte.

Nur wenige Jahre vor dem überraschenden Tod der Klagenfurter Konditormeisterin Maria Rabitsch, der Tant Mitze, besuchten wir Drautaler Dorfvolksschüler zum ersten Mal Klagenfurt. Besichtigung der Landeshauptstadt stand auf dem Bildungsprogramm. Wir waren vielleicht zwölf Jahre alt, ich bleich und schmal, hatte tiefe Ringe unter den Augen, trug einen Lodenanzug, geschneidert vom Dorfschneider. Wir wohnten mehrere Tage lang außerhalb von Klagenfurt auf einem Berg in einem Heim und fuhren jeden Tag mit einem Omnibus in die Stadt hinunter. Ich erinnere mich, daß wir abends, wenn es finster war, vor dem Heim standen und lange auf die Lichter der Stadt hinunterschauten. Zum erstenmal in meinem Leben schaute ich, der ich über ein Jahrzehnt das kleine Zweihundertseelendorf Kamering nicht verlassen hatte, auf die Lichter einer Stadt. Für mich war damals Klagenfurt eine Weltstadt. Die abertausend Lichter irritierten mich und machten mir angst, ich wußte, jedes Licht und jedes Lämpchen hat mit irgendeinem menschlichen Leben oder auch mit dem Tod zu tun. Am Hauptbahnhof stiegen wir aus dem Omnibus und sollten, die Bahnhofstraße hinauf, in die Stadtmitte, zuerst einmal auf den Neuen Platz zum Lindwurm gehen. Wir waren auf der Höhe des Geburtshauses von Robert Musil angekommen, da grüßten wir jeden an uns vorbeigehenden Menschen. Zu jeder auf uns zukommenden und an uns vorbeigehenden Frau und zu jedem Mann sagten wir: Grüß Gott! Immer wieder, Schritt auf Tritt, wenn wir Menschen begegneten, sagten wir: Grüß Gott! Die einen freuten sich über die höflichen Kinder, andere wiederum waren verblüfft, manche fühlten sich gehänselt und gingen schnell, hochnäsig auf die Bauernkinder herabschauend, an uns vorbei, aber die Mehrzahl erwiderte unseren Gruß, bis uns der Lehrer Emanuel Wenger zu verstehen gab, daß wir die Leute in der Stadt nicht grüßen müssen. Ich war erschrocken, denn das erste Mal in meinem Leben sollte ich grußlos an Menschen vorbeigehen, denn ich grüßte im Dorf doch auch die dann und wann auftauchenden Sommerfrischler aus Deutschland, die ich nicht kannte und die ein so schönes Deutsch sprachen, daß ich mich mehr und mehr für meinen Kärntner Dialekt zu schämen begann. Mit hochrotem Kopf, denn mein katholisches Gewissen war – wie immer – ein schlechtes, ging ich, in Begleitung meiner Mitschüler und unseres Lehrers, die Bahnhofstraße hinauf, schaute alle auf uns zukommenden Leute an, um an ihren Gesichtszügen meine Enttäuschung abzulesen. Das war eine der ersten großen Enttäuschungen meines Lebens: Menschen gehen aneinander vorbei, beachten und grüßen sich nicht, sie grüßen sich nicht einmal mehr, sie hatten nie eine Gelegenheit sich zu grüßen und sich danach grußlos voneinander zu verabschieden, voneinander weg und fortzugehen auf Nimmerwiedersehen. Nachdem wir am Neuen Platz lange auf den Schädel des Lindwurms geschaut hatten und mehrmals um das Objekt herumgegangen, in die Kramergasse und auf den Alten Platz gegangen waren und die Pestsäule besichtigt hatten, besuchten wir den Botanischen Garten, in dem wir das erste Mal die seltene Blume namens »Wulfenia« sahen, von der uns der Lehrer Emanuel Wenger Jahr für Jahr – ich hatte das Glück, acht Jahre in der Volksschule meines Heimatdorfes Kamering zu verbringen – im Naturgeschichteunterricht erzählte anhand selbstgefertigter Merkstoffblätter, die oft noch feucht von der Vervielfältigungsmaschine kamen und nach Spiritus rochen. Meine Wulfenia roch Jahr für Jahr nach Spiritus. Im Stadttheater Klagenfurt besuchten wir »Die Zauberflöte«. Das erste Mal in meinem Leben saß ich auf einem gepolsterten Klappsessel. Als ich während der Vorstellung vom Sessel aufstand und meinen Anzug richtete, den mir meine Gote, die »Gute Haut«, wie sie genannt wurde, zu Ostern schenkte, der Klappsessel hinterrücks und lautlos hochklappte und ich, ohne mich umzusehen oder nach dem beweglichen Polster zu greifen, wieder hinsetzen wollte, landete ich unter dem Gelächter meines Mitschülers Leopold Dobrautz auf dem Boden, wollte vor Scham auf dem Boden bleiben und mich unter den Sesseln verkriechen, bis zum Ende der Vorstellung, aber die schwarze Königin der Nacht kam, als ich mit hochrotem Kopf und zusammengekniffenen Augenlidern vom Balkon auf das Geschehen auf der Bühne schaute.

Einige Jahre später, es war Mitte Oktober des Jahres 1973, besuchte ich, aus Klagenfurt kommend, in meinem Heimatdorf Kamering meinen Freund Alfred Laber, den Schneidersohn. Die große Küche, in der gearbeitet wurde und in der sich die ganze Familie aufhielt, roch nach Stoffballen und Zigaretten. Während seine Mutter an der Singer-Nähmaschine ratterte und der Vater, der ebenfalls Schneider war, mit der diskusförmigen, kleinen rosaroten Schneiderkreide den Stoff markierte, hörten wir aus dem Radio, daß in Rom die in Klagenfurt aufgewachsene Dichterin Ingeborg Bachmann bei einem Brandunfall ihren schweren Verletzungen erlegen sei. Das Wort *erlegen* hatte mich schockiert, die Radiostimme sprach nicht von Tod und Sterben, sondern von *erlegen*. Ich ahnte nur, daß sie tot war, ich hatte auch nicht den Mut, die Schneiderin zu fragen, was denn das Wort *erlegen* eigentlich bedeutet. In der-

selben Meldung war auch davon die Rede, daß sie unter
Drogen gestanden haben soll, Alkohol und Tabletten
eingenommen hatte und mit einer noch brennenden Zigarette eingeschlafen war, die schließlich einen Schwel-
brand verursachte. Wir starrten entsetzt auf das kleine
Kofferradio, warteten noch eine Stunde, um dieselbe
Meldung mit neuen Details und noch einmal das Wort
erlegen zu hören, das wir bis dahin nicht kannten.

Wiederum zwei Jahre später erfuhr ich, ebenfalls aus
dem Radio, daß Pier Paolo Pasolini, von dem ich in
Klagenfurt in den düsteren, aber schönen Kammerlichtspielen mit dem knarrenden, eingeölten schwarzen
Boden die Filme *Accattone, Ragazzi di vita, Mamma
Roma* und *Erotische Geschichten aus 1001 Nacht* gesehen hatte, in der Nähe von Rom ermordet worden sei.
Sein Leichnam wurde auf einem Fußballplatz in Ostia
gefunden. Er war mehrfach von einem Auto überfahren
worden. Ein römischer Strichjunge hatte die Tat gestanden. Später, als ich zwei Jahre lang in Rom verbrachte,
fuhr ich öfter nach Ostia, um mir die Kleinstadt am
Meer anzuschauen, Aufzeichnungen zu machen in meinem römischen Straßennotizbuch oder um einfach
stundenlang, das Rauschen des Meeres im Ohr, am Kai
spazierenzugehen, den dort auf den Mauern sitzenden
Liebespaaren zuzuschauen. Die Stelle, an der Pier Paolo Pasolini ermordet wurde, ließ ich mir nie zeigen, ich
wußte immer nur ungefähr, wo er zu Tode kam, aber
ich wollte den Blutfleck nicht sehen, den ich natürlich
zwei Jahrzehnte nach dem Mord noch gesehen hätte,
hätte ich am tatsächlichen Tatort gestanden. Ich war oh-
nehin schockiert genug, als dann einmal während mei-

nes Rom-Aufenthalts eine italienische Wochenzeitung den nackt auf dem Bauch auf dem Prosekturtisch liegenden Pier Paolo Pasolini abgebildet hatte, das Foto war Jahre nach seinem Tod aus der Prosektur geschmuggelt und von einem schamlosen Wochenblatt der Öffentlichkeit gezeigt worden. Ich erinnere mich noch, wie Anna Magnani, als ich in den Kammerlichtspielen in Klagenfurt den Film *Mamma Roma* sah, in dem sie die Prostituierte spielte, die Mamma Roma genannt wurde, in ihrer Wohnung im ersten Stock ans Fenster trat, auf den Friedhof hinunterschaute und sagte: »Ein Leben mit Aussicht auf den Friedhof!«

Ein einziges Mal ging ich im Annabichler Friedhof in Klagenfurt zum Grab von Ingeborg Bachmann. Ich war entsetzt. Das Grab empfand ich als eine fantasielose Zumutung, nach meinem Empfinden war es eine Schandtat von einem Grabstein, und dafür, dachte ich, hatte man den Leichnam von Rom nach Klagenfurt überführt, wie es heißt, um ihn hier in der schrecklichen Heimaterde einzugraben. Ihre ewige Ruhe wird sie nie in diesem Loch in Klagenfurt finden, dachte ich, vor ihrem Grab stehend und auf die drei auf der Erde liegenden vertrockneten roten Rosen schauend, ihre ewige Ruhe hätte sie in Rom gefunden, auf dem Campo Santo Teutonico, wo Erde vom Kalvarienberg liegt. Auf dem Gelände des heutigen Campo Santo Teutonico soll in der römischen Kaiserzeit der Circus von Caligula und Nero gelegen haben, in dem laut den Schriften des Tacitus während der Christenverfolgung Hunderte als Märtyrer starben – so auch Paulus im Jahr 64 nach Christi. Die Künstler Joseph Anton Koch und Friedrich Overbeck liegen hier begraben, der Archäologe Ludwig Curtius, die Prinzessin Caroline von Sayn-Wittgenstein, Lebensgefährtin des Komponisten Franz Liszt, und der 1970 verstorbene Schriftsteller Stefan Andres. Auf diesem Campo Santo Teutonico in Rom, denke ich, hätte man Ingeborg Bachmann begraben sollen und nicht auf dem Annabichler Friedhof in Klagenfurt, einen Katzenhechtsprung weit vom Flughafen entfernt.

Wiederum eine Zeitlang später, als mir eine Bewerberin des Ingeborg Bachmann Literaturwettbewerbs vor der Stadtpfarrkirche in Klagenfurt erzählte, daß sie vor ihrer Lesung und also vor der Bewertung durch die Jury einen Strauß roter Rosen ans Grab der Dichterin gebracht habe, verabschiedete ich mich verlegen von ihr, ging in die kühle Kirche hinein, hinter den Altar, lehnte mich mit dem Rücken an die Rückseite des Altars und wartete, bis sich die über meinen ganzen Körper ausbreitende Gänsehaut wieder verflüchtigt hatte, in die Stadtpfarrkirche, von deren Turm sich vor ein paar Jahren gemeinsam zwei Mädchen, die von der Psychiatrie im Landeskrankenhaus Klagenfurt Freigang bekommen hatten, Hand in Hand als violette Engel in die Tiefe stürzten und tot auf dem Asphalt aufklatschten, die einzige Kirche in Klagenfurt, die ich, immer zu dem legendären Turm mit dem Todesglockenspiel hinaufschauend – die beiden müde gewordenen Engel hatten sich auf die Stromleitung gesetzt –, immer wieder betrete, um am Grab von Julien Green zu stehen, wo ich, eine Kerze anzündend, oftmals daran denke, daß damals, als Julien ein kleines Kind war, seine eiskalte katholische Mutter, mit einem Kerzenleuchter in der

Hand, die Decken von seinem Kinderbett herunterge-
rissen hatte, um zu sehen, was er denn so machte, und
die später, als Julien zu einem Jugendlichen herange-
wachsen war, die Bettdecke wiederum wegriß, mit einem gezückten Messer in der Hand und mit den Worten: »Wenn du das noch einmal machst ...« Ihm, dem
inzwischen Toten, der nicht einbalsamiert worden ist
und der sich wohl schon verflüssigt hat, bringe ich dann
und wann ein Glas dottergelben Löwenzahnhonig, das
ich über seinem Grab hinter das todtraurige Muttergot-
tesbildnis stelle, das er so verehrt haben soll. Danach
rufe ich den Stadtpfarrkirchengeistlichen an, den Monsignore Mairitsch, und sage zu ihm, daß er sich wieder
ein Glas frischen Löwenzahnhonig abholen soll am
vereinbarten Ort. Einmal, es war schon dunkel, und es
regnete in Strömen, hoben mein Sohn Kasimir und ich
gemeinsam den auf der Grabplatte von Julien Green –
den Vornamen *Julian* ließ der aus den Südstaaten stammende Dichter im Angesicht des Todes einmeißeln –
liegenden Kranz mit der Kärntner Fahne des Bürger-
meisters auf, trugen ihn zur Kirchentür hinaus und
warfen ihn im niederpeitschenden Regen auf die Straße.
Mit vorgerecktem Hals, hinter einer Säule stehend, be-
obachteten wir den Lauf der Dinge. Zuerst überfuhr ein
Jeep den Totenkranz, dann ein VW, ein Mercedes, ein
Ford, ein BMW, ein Opel ... Und die beiden Engel, weit
über uns, hatten wieder abgehoben von den leicht wip-
penden Starkstromleitungen und flogen ihm entgegen,
der nun mehr und mehr verschwindet in seinem
Zinnsarg, der ihnen, da er bald ganz verwest und fort
sein wird, Platz gemacht hat, und sie dürfen sich einni-
sten mit ihren langen violetten Flügeln im Sarg, der eine

Selbstmörderengel mit dem Gesicht am Kopfende des Sarges, der andere Selbstmörderengel, ein wenig zusammengequetscht, mit dem Gesicht am Fußende des Sarges, wo die beiden vom Himmel gefallenen Mädchen sich ausruhen können und sich so lange nicht rühren, bis wieder die Tage des Löwenzahnhonigs kommen.

IM STERNHAGEL DER BILDER

Der Fotograf und Filmemacher Burton Holmes, der der Nachwelt 30 000 Fotos und 150 000 Meter Filmmaterial hinterlassen haben soll, führte im Jahre 1900 in der Wüste von Arizona vor 500 Angehörigen des Navajo-Stammes seine Filme vor. Die Navajos sahen zum ersten Mal einen Film und waren nach Holmes' Worten wie verzaubert von der Leinwand, auf der Bilder und Menschen flimmerten. Die Indianer befühlten die Leinwand und rieben ihre Wangen daran …

Seit langem stelle ich mir vor, daß ich statt meines Kopfes eine Kamera an meinem Hals montiert habe und alles filme, was meine Augen sehen können. Betrete ich mit meinem Filmkamerakopf eine mir bis dahin unbekannte Stadt, frage ich nicht nach den allseits bebilderten farbigen Sehenswürdigkeiten, sondern sofort nach den Gefängnissen, nach den Friedhöfen und Totenhäusern. Wo sind die Prosektursäle, wo die Leichenhallen, wo leben die Schwerverbrecher und wo leben die Leichtverbrecher. Wie geht es der Haut des Himmels, der verehrten Kinoleinwand, in dieser mir unbekannten Stadt? Wie ich nur lebenswichtige Bücher lese – wenn mir nicht ein Satz wie ein Mühlstein um den Hals hängt, wozu soll ich ihn dann loswerden? –, sehe ich mir nur lebenswichtige Filme an. Sehe ich ein Bild, das mich berührt und bewegt, so leuchtet der linke Knopf meines Filmkamerakopfes rot auf, die Kamera beginnt zu surren und inhaliert die aufflimmernden Bilder. Wort- und

Bildfetzen sammle ich nicht nur von der Straße, auch von der Kinoleinwand und verbarrikadiere sie in den Abertausenden Nischen und Nebenhöhlen meines Filmkamerakopfes. Ich sitze mit diesem meinem Filmkamerakopf, der unzählige Bilder von Verletzungen archiviert hat, vor der Schreibmaschine, klopfe sie in meiner Dunkelkammer Wort für Wort im Sternhagel der Anschläge als Sätze aufs Papier, bis ich mich in die Straßenbahn setze, ins Kino fahre, in der ersten Reihe Platz nehme und mit diesem meinem Filmkamerakopf auf die Leinwand starre, meinen Kopf schwenke, um zu sehen, ob der hinter mir sitzende Kinoinsasse auf meinen exotischen Filmkamerakopf aufmerksam geworden ist. Ich filme, indem ich meinen Kopf schwenke und das Gesicht von Anja Salomonowitz sehe, die hinter mir in der vierten Reihe im Kino sitzt und sich an einem fremden Ort, in einem anderen Kino, ihren Film *Kurz davor ist es passiert* anschaut. Ich archiviere das Bild vom schönen Gesicht der Anja Salomonowitz, setze dieses Bild in eine Beschreibung im Sternhagel der Schreibmaschinenanschläge in meinem Kopf in Wörter um, verdrehe meinen Filmkamerakopf wieder, blicke auf die Leinwand und sehe halbierte, überdimensionale, die Luft ununterbrochen schneidende, sich in Zeitlupe drehende Windrotoren auf den Ständern hoch aufragender katholischer Kirchtürme. Das Geklapper der Schreibmaschine vermischt sich mit dem Klopfen des Hagels auf den farbigen gotischen Glasfenstern einer Kirche mit den die Luft durchschneidenden, knochenscharfen, im Kreis sausenden und pfeifenden Rasierklingen der auf den Kirchtürmen befestigten Windrotoren. In der Mitte des Kirchencorpus, vor dem Altar, steht auf ei-

nem alten Singer-Nähmaschinenunterteil mit einer
Tretvorrichtung ein Glaskasten mit kleinen, sich langsam und schwerfällig in Zeitlupe über Salatblätter bewegenden Schildkröten, die einen Heiligenschein auf
ihrem Kopf tragen. Links und rechts vom Katafalk des
Singer-Nähmaschinenuntersatzes mit der Tretvorrichtung, auf dem der Glassarg mit den sich langsam bewegenden Schildkröten steht, balancieren auf den spitzen
Nägeln hoher Kerzenständer zwei Meßweingläser, in
denen verschiedenfarbige eingeschweißte Kondome
hin und her rutschen. Auf dem Glassarg, in dem die
kleinen, einen Heiligenschein tragenden grünen Schildkröten über die Salatblätterberge gehen, zählt der ein
pinkfarbenes Hemd tragende Bordellkellner den Ge-
winn der Nacht, hebt prostend ein Meßweinglas, das
vollgefüllt ist mit rosaroten, hellblauen und gelben
Kondomen, in die Höhe, nimmt im Film *Kurz davor ist
es passiert* die Worte der Lebensstärkungsmittel anbie-
tenden Frau Nachbarin in den Mund und sagt: »Das ist
ein Shake. Und zwar mit Erdbeergeschmack. Und hat
sehr viele Vitamine. Alles drin, was dein Körper braucht.
Und du lebst lang, wenn du das nimmst.« In Zeitlupe
fallen Weihwassertropfen aus den Achseln des sich nach
einer Terpentinseife ausstreckenden Arms eines mit
Blattgold verzierten Engels, dessen Rücken unvollen-
det und ausgehöhlt ist, während ich mit dem Zoom
meines Filmkamerakopfes wieder nach der hinter mir
im Kinosaal in der vierten Reihe sitzenden Anja Salomonowitz verdrehe und über die aufgebahrten Schildkröten mit dem Heiligenschein hinweg nun zu der sich
über die ganze Kinoleinwand streckenden Fleischwun-
de an der Brust des Gekreuzigten schaue. »Er nimmt

ein Messer. Und zur Kostprobe sticht er mir in den Arm. ›Ein kleiner Schnitt! Sieht aus wie eine Muschi!‹ sagt er.« Ich verlasse die cinemascopbreite Wunde des Herrn der genagelten Knochen, fahre mit dem Zoom meines Filmkamerakopfes langsam wieder zurück, vorbei an dem sich in Zeitlupe mit der Terpentinseife und mit Weihwasser seine Achseln waschenden vergoldeten Engel mit dem ausgehöhlten Rücken. »Eine Frau kommt zu mir. Sie gibt mir Spitzenunterwäsche. Sie sagt: ›Der Mann, der gerade gekommen ist, mag dich. Sei nett zu ihm und mache alles, was er will.‹« Ich streife mit dem Zoom meines Filmkamerakopfes den sich im Blutsturz aufbäumenden, an einem Schwamm mit Essig und Öl kauenden und immer wieder »Mein Vater! Mein Vater! Warum hast du mich verlassen!« rufenden Gekreuzigten und ziehe mich mit dem einfahrenden Schildkrötenhals meines Filmkamerakopfes wieder zurück in die erste Reihe im Kinosaal, schwenke meinen drahtigen Hals und sehe im Augenwinkel des Sternhagels meiner Schreibmaschinenanschläge, daß Anja Salomonowitz lautlos den Kinosaal verlassen hat, schaue mit diesem meinem Filmkamerakopf wieder unter dem Geklapper der Schreibmaschine, das sich mit dem Klopfen des Hagels auf dem Glas vermischt, auf die vom Regen verschwommenen gotischen Fenster der Kirche, auf die ununterbrochen die Luft schneidenden, sich drehenden Windrotoren der halbierten Rasierklingen, die an den Ständern der hundertfach nebeneinander in der Landschaft stehenden Kirchtürme angebracht sind, während sich die Bilder in meinem Filmkamerakopf zu überschneiden beginnen, über- und unterbelichtet werden, sich die Heiligenscheine bordellpink und das Blatt-

gold teerschwarz färben. Aus der Höhle des Filmkame-
ratotenkopfauges schlängelt sich ein auf dem Boden
sich häufender, groß und größer werdender Filmstreifen, bis der schwarze Filmstreifen den auf dem Katafalk
des Singer-Nähmaschinenunterteils mit der Tretvorrichtung stehenden Glassarg mit den sich in Zeitlupe
bewegenden Schildkröten über und über bedeckt und
als meterhohe schwarze Pyramide sich in der Mitte des
Kirchencorpus vor dem Altar erhebt, an dem sich der
an der Vorderseite vergoldete Engel, der einen ausgehöhlten Rücken hat, mit einem Leinenhandtuch, in das
»Das letzte Abendmahl« von Leonardo da Vinci einge-
stickt ist, die Achselhöhlen trocknet.

EIN DJANGO DER MUSS HABEN
zween stiebel um zu traben,
ein fäustlein um zu schlagen,
ein särglein ums zu tragen,
zween sporen an den fertzen,
die nie ein rößlein schmerzen,
ein feindlein ums zu schießen
und gold zum kugeln gießen,
dazu noch grund zur rache,
denn das gehört zur sache,
so eilt er texas auf
und ab in tollem lauf.
drum, kindlein, gib fein acht,
wies unser django macht,
willst sein nit feig und schwach,
so tus ihm fleißig nach!

H.C. Artmann